D1824752

Álvaro Correa, LC

Curiosidades y Bendiciones

Volumen 3

FOTOGRAFÍAS: Con especial gratitud por la amable concesión de las fotografías a:

Alfonso Martínez-Carbonell y Olga Barrejón, Yula Moguel y Alejandra Moguel, José Luis Dueñas y María Esther Astorga, Alfredo Cortez y María Esther Dueñas, Elías y Joaquín Terrazas, José Julio Delgadillo y Ana Isabel Alvarado, Toñi, Rafa y Adrián Martín Vega, Cristina Mota, María Cristina, Eduardo, María del Pilar, Juan Carlos, María del Carmen, Bertha, Fernando, Álvaro, Elsa Margarita y Martín Correa Cosío, Marco Antonio Bustillos Correa, Sixto Villagómez Correa y Yu Saiki, Germán Parga y FCBarcelona: *Portada*

DEDICATORIA

Dedico este libro a mi hermana Bertha (Betty) y cada uno de mis familiares y amigos. Cada día con ellos he vivido una "curiosidad y bendición". ….

PRESENTACIÓN

La presentación de mi libro "Mirko" me concedió la feliz ocasión de encontrar numerosos grupos de jóvenes lectores en diversos colegios. Gran parte de la exposición consistía en responder a las preguntas que me proponían los chicos. Y bien, llegado a este momento de presentar "Curiosidades y bendiciones – volumen tercero", me viene el recuerdo de uno de aquellos encuentros, en concreto con los niños de 5º de Primaria del Colegio Cumbres de Morelia, el 6 de noviembre de 2009. Un chico me preguntó en esa ocasión: "Padre, ¿en quién se inspiró para escribir 'Mirko'?" Sin más, le respondí: "¡En ti!" Fue curiosa su cara de sorpresa y le expliqué: "¡Claro! ¡Mis amigos son mi inspiración! Mira, muy concreto. ¿Cuántas veces te he hablado por teléfono? ¡Ninguna! ¿Cuántas veces te he escrito? ¡Ninguna! ¿Cuántas veces te he visitado en tu casa? ¡Ninguna! Entonces, pensé, a tantos niños y niñas que no puedo ni visitar ni escribir, ni nada porque son muchísimos por todos lados y no puedo viajar, pues, por lo menos voy a escribirles un libro para ayudarlos con algo interesante". Hasta aquí ese recuerdo anecdótico.

Lo narro en este momento porque puedo asegurar que daría la misma respuesta a cualquier lector de las reflexiones breves que he venido publicando desde el 18 de mayo de 2012 en el grupo "Curiosidades y bendiciones" de Facebook. Además de buscar agradar a Dios en todo, mi intención es poder ayudar en algo a los demás. Y, gracias a la mano mágica de las redes sociales, cada palabra ofrecida puede llegar hasta el último rincón del planeta.

Nuestra vida está repleta de curiosidades; a donde apuntemos la mirada siempre nos sorprenderá algo que nos llama la atención, desde una extravagancia hasta lo que en apariencia es lo más normal y rutinario. Ahora bien, siendo seres dotados de inteligencia y con un alma eterna, todo, absolutamente todo, nos debería ayudar para crecer como personas y para madurar en nuestra condición de cristianos. En este sentido, y abrazando el don de nuestra fe, se cumple la sentencia paulina: "Para el que ama a Dios, todo coopera para el bien" (Rom. 8, 28).

No dudemos de que los dedos de Dios mismo nos modelan en cada circunstancia de la vida; a nosotros corresponde abrir el corazón y secundar su obra con docilidad, con gratitud, con perseverancia.

Antes de concluir este breve presentación, me siento con el grato deber de agradecer a los miembros del grupo "Curiosidades y bendiciones" por sus comentarios, por el aprecio que manifiestan y, sobre todo, por el reflejo de su amor a Dios y al prójimo. No sé si algún día podré conocer personalmente a todos –lo dudo-, por ello deseo que este volumen tercero sea un renovado agradecimiento y un sincero aliento para seguir adelante en esta peregrinación hacia la patria celestial. La vida es muy hermosa porque es un don de Dios, es una "curiosidad y bendición"…

Álvaro Correa, L.C.
Roma, 26 de Noviembre de 2016

DESCONECTARSE PARA CONECTAR

 La facilidad de comunicación a través de las plataformas digitales es increíble. Hoy es posible escribir un mensaje y recibir respuesta instantánea o conversar al vivo con una persona que se encuentra al otro lado del mundo. Todo esto parecía un artilugio de ciencia-ficción, pocos años atrás, pero ya es una realidad. Sin embargo, dado que los hombres tendemos a aficionarnos a lo que nos agrada, ahora resulta que esta tecnología estupenda está disturbando nuestra capacidad de dialogar con los demás y con Dios, de reflexionar, de estudiar, de escuchar, etc., porque le estamos permitiendo inserirnos como "usuarios" en una comunicación permanentemente. Nos ayudará establecer un orden y un tiempo en el uso de estos instrumentos de comunicación. Algunas campañas sociales se han orientado a prevenir accidentes, incluso mortales, causados por la distracción del celular. Otras, como la que recoge el vídeo, a motivar a las personas a que "se desconecten para conectarse", es decir, para que dialoguemos, convivamos, colaboremos, descansemos con nuestros familiares y seres queridos. Mucho tiene de verdad el recurso de que volvemos invisibles a las personas cuando nos absorbe una comunicación. ¿Y no es de temer que le pase lo mismo a Dios cuando la "conexión" prevalece durante la oración? Hagamos un buen uso, ordenado y responsable, pues Dios se alegra de bendecirnos, si el progreso nos hace más santos.

https://www.youtube.com/watch?v=Ag7OHQJPBRw

BE BRAVE

Cada día nos cae una lluvia de publicidad comercial. Ahora bien, alguna se salva de rebotar sobre el paraguas de intereses diversos o de la indiferencia. Hay una secuencia de imágenes, sin ninguna palabra, que presenta a un chico llegando a su casa después de teñir con spray las paredes de su barrio. Su madre lo recibe con una mirada de reproche, pero él se dirige directamente a la habitación de su hermanita enferma. La despierta corriendo las cortinas. El sol entra y, además de iluminar los rostros de la familia y de colorear un ambiente triste, regala una sorpresa a la niña. Su hermano le ha pintado sobre las fachadas vecinas un trenzado de flores y dos palabras, cargadas de cariño: "Be brave" (sé valiente). El momento es emotivo y los labios de la mamá deletrean un "thank you" agradecido para su hijo. El mensaje que nos brida este vídeo es que un enfermo, especialmente si es niño, necesita algo más que la medicina de cada día. El amor y el cariño, la cercanía y la sonrisa, son vitales para afrontar las dolencias con buen ánimo y con esperanza. Nadie, mejor que la propia familia, ofrece la mejor medicina y el mejor hospital, es decir, la motivación para vivir mirando al cielo, esforzándonos para tener bien puestos los pies en la tierra. De una o de otra manera, siempre que hemos estado enfermos, las personas que nos aman nos ha invitado a ser valientes.

https://www.youtube.com/watch?v=OAlyHUWjNjE

SOMOS UNA MINA DE TALENTOS

 Una de nuestras principales tareas en la vida es descubrir los talentos que Nuestro Señor nos ha concedido. Una posible catalogación es la siguiente: talentos evidentes (somos conscientes de ellos), ocultos (son evidentes para los demás y poco para nosotros) y potenciales (son aquellos poco desarrollados y necesitados de mayor esfuerzo). Y bien, aunque haya personas "caza-talentos", áreas de estudio sobre este tema e, incluso, diversos e ingeniosos concursos televisivos para mostrar públicamente de qué somos capaces, la verdad es que la vida ordinaria y el trato de cada día con los demás son el mejor laboratorio para descubrir los propios y el gimnasio más apto para desarrollarlos. Nuestros gustos e inclinaciones son como un escaparate de talentos personales que debemos encauzar debidamente; pero también descubriremos otros en medio de dificultades inesperadas, que nos piden superar miedos o desconfianzas. Además, no es raro encontrarse con un talento más cuando algún acontecimiento nos implica una mayor generosidad y sacrificio. En poca palabras, somos una mina de talentos y quien más trabaje, más logrará. Quizás en esto se apoya aquella "evidencia" de que las personas exitosas han invertido "10 mil horas" en el talento que las destaca. Demos gracias a Dios, sabiendo que nuestros talentos se han de multiplicar en el servicio a los demás.

https://www.youtube.com/watch?v=oHbeguUPmVE

COMBINAR ES MARAVILLOSO

Una tarea frecuente, a veces sencilla y en ocasiones complicada, es la de "combinar"; es decir: unir personas o cosas diver-sas con un fin determinado. Ten-gamos ante la vista esta foto de Stephen McMennamy, que combina fotografías para crear imágenes surrealistas. Algo así nos ocurre en la vida, pues no es raro encontrarnos en la necesidad de "combinar" un cariñoso trato hacia los hijos con la mano firme en su educación; el justo tiempo de descanso con la permanente disponibilidad para ayudar al prójimo; el consuelo ofrecido a quien sufre con la reciedumbre en las propias dolencias; el silencio profundo del alma en oración con una actividad de caridad sin horarios, etc. Esto sucede dentro de los hogares y en las fábricas, a los niños y a los ancianos, a un virtuoso monje de clausura y a una feliz mamá que abraza por primera vez a su bebé. La imagen del salto en esquí sobre montículo de helado en manos de una niña nos da una pista: sepamos unir lo mejor de las personas y cosas diversas. Echemos a volar la imaginación y reflexionemos con la debida pausa a la hora de organizar nuestro tiempo y actividades. Procedamos con jerarquía, con sana ambición, con amplitud de miras. La vida nos regala el privilegio de combinar todo de una manera tan personal que parece que cada quien crea un mundo nuevo. No es de extrañar, pues partimos de una genialidad divina: Dios ha querido combinar su amor eterno con nuestra fragilidad mortal. ¿No es maravillo poder combinar?
https://www.instagram.com/smcmennamy/?hl=es

TO BELIVE

"La canción es acerca de las personas que no tienen el lujo que nosotros tenemos y no la tienen tan fácil como nosotros". Así introduce Jackie Evancho la canción compuesta por su tío Matthew y que ella misma interpreta. Se trata de una oración por los pobres, por las familias que sufren y por aquellos que gimen bajo el azote del hambre y de la guerra. A donde dirijamos la mirada, siempre veremos gotas esparcidas o ríos de dolor. El rostro de nuestra humanidad siempre sonríe, pero sus ojos bellos tantas veces derraman lágrimas. Hagamos todo lo posible –como invita la canción- para que sanar los corazones que se afligen, suplicando a Dios que no ignoremos los angustiosos gritos de los pobres… "o el dolor nunca se irá". Orar a Dios por la paz del mundo y por el amor entre los pueblos nos ayuda a creer y a nutrir de esperanza nuestros ánimos y aspiraciones. Recemos cada día en lo más íntimo de nuestro ser, porque la conversión de los corazones tiene su expresión en las rodillas que se doblan para implorar la gracia divina. La voz de Jackie repite la invitación a "Creer en un día en que el hambre y la guerra pasarán y habrá esperanza en medio de la impotencia". Así lo deseamos ardientemente, apreciando los motivos que la misma fe nos concede para seguir siempre adelante.

http://www.youtube.com/watch?v=mofOqnlaKAI&sns=em

LIGADA AL 10 DE LA PERFECCIÓN

La melodía conocida como "El tema de Nadia" fue compuesta por Barry De Borzon y Perry Botkin Jr. para la telenovela "The Young and the Restless", fruto de un arreglo musical de "Cotton's Dream".

Es-tas notas musicales han quedado ligadas a la gimnasta Nadia Comaneci, como ella al 10 de la perfección, que logró en siete ocasiones, desde aquel primero en las Olimpíadas de Montreal 1976. Ahora bien, aunque su medallero es envidiable: 16 oro, 6 plata y 3 bronce, Nadia nunca usó esta pieza musical como fondo de sus ejercicios… Diríamos que se trató de un tributo de admiración hacia ella. Así como se levantan monumentos, también se dedican notas musicales a las personas que deseamos recordar siempre. Es posible que en nuestro pequeño mundo también conozcamos personas "ligadas al 10 de la perfección" en su sonrisa, en su entereza moral, en su dedicación familiar, en su apostolado, en su amistad, etc. Dios es el que concede la medalla de su bendición al hombre "bueno y fiel" en la vida de cada día. Esta medalla no es de metal, sino de amor, y la deseamos para nosotros mismos y para todos los hombres, para Nadia y para las personas que por servir a los demás dan lo mejor de si mismos, de su tiempo y talentos.

Tema de Nadia:

https://www.youtube.com/watch?v=u7kjH0PcE5A

APRENDER SIEMPRE

"Se debe aprender durante todo el tiempo que no sepas -Tamdiu discendum est, quamdiu nescias-", decía Séneca (Epist. 76). La cuestión es si realmente sabemos "todo de todo"... Y la humilde respuesta es que, si sabemos algo, se trata sólo de "un poco de un aspecto limitado de la vida". En efecto, no hay profesionista que abarque el cuadro completo de su especialidad, ni sabio que deje de investigar en una biblioteca; no hay madre de familia que cada día conozca mejor a sus hijos, ni jóvenes sin necesidad de un consejo. Séneca fue benévolo en su sentencia, pues, tal vez podríamos decir que "se debe aprender durante todo el tiempo, porque sabemos muy poco"... Este punto de vista no es negativo; al contrario, nos concede el privilegio de aprender cada día, de enriquecer nuestra alma, inteligencia y corazón con joyas de sabiduría humana y divina. ¡Qué hermoso ser siempre discípulo de Jesús y aprender de su vida a ser mejores! ¡Qué ilusión comenzar un proyecto conscientes de lo mucho que se trabajará y del beneficio que se podrá ofrecer a los demás! Un grupo musical madura en cada melodía que compone; un piloto conforme acumula horas de vuelo; un médico después de analizar un nuevo caso clínico, etc. Demos gracias a Dios porque somos aprendices toda la vida. Él fue genial al concedernos alas para aprender y mostrarnos horizontes amplios. Ganará más quien mejor aletee...

LOS TÍTERES COBRAN VIDA

 El personaje más popular del titiritero Bil Baird fue su león "Charlemane". Recurrimos a este genio para recordar la siguiente definición: el títere sería una "figura inanimada que cobra vida gracias al esfuerzo humano y lo hace ante un público". No obstante hayamos entrado en una era computarizada y virtual, los títeres nos conceden un respiro para recrear de una manera "más humana" obras teatrales, pedazos de historia, cuentos y leyendas, piezas musicales o, simplemente, espacios divertidos. El vídeo, que recoge títeres de los Beatles sonando su famosa canción "Help", nos concede apreciar la precisión de movimientos como el golpe certero de la batería o ese rítmico zapateo de los guitarristas. Bil acentúa que esas figuras "cobran vida" al ser manejados por hilos desde unas manos humanas. Concedámonos el gusto de extender esta hermosa concepción para pensar que todo lo que pasa por nuestras manos "cobra vida" y queda "humanizado", dado que le hemos concedido interés, amor, esfuerzo, inteligencia… De alguna manera, son nuestras manos las que modelan ante "un público" la riqueza o pobreza que llevamos dentro. Dios quiera que nuestras manos sean como las Suyas para obrar siempre el bien. Vamos dejando nuestra persona en todo lo que tocamos…

Puppets Beattles Help:
https://www.youtube.com/watch?v=fJjmC51FvbI

¿POR QUÉ LAS GUERRAS?

"¿Dime por qué todas estas guerras, el odio, la sangre y la miseria?... Dime, papá, por qué estos muertos... Nuestras almas están en cólera. Hay locos que quieren la guerra... Al mundo entero le decimos que no hay religión que predica el odio, la muerte, la sangre. ¿Por qué matar inocentes? ¿Por qué destruir y hacernos sufrir? Queremos vivir y no morir..." Estas preguntas, en voz del coro "Les Petits Chanteurs à la croix de bois", se nos clavan en el corazón cada vez que tenemos noticia o sufrimos en carne propia la terrible realidad de las guerras. La historia del hombre es testigo del odio y de la muerte que, siglo tras siglo, reducen tantos hogares a cenizas mezcladas con lágrimas. Las guerras no existirían si el hombre guiase su libertad por el amor; si aceptase la mano que el cielo le ha tendido para levantarse de su pecado; si supiésemos amar a nuestro prójimo como a nosotros mismos. El coro de niños franceses desea que su voz se sume a la de toda persona de buena voluntad. Lo agradecemos de corazón, prometiendo que sus preguntas tendrán una respuesta de bondad en nuestras familias. No queremos el mal ni la muerte para nadie; al contrario, es nuestro empeño seguir construyendo una civilización del amor, según el mandato de Jesucristo.

https://www.youtube.com/watch?v=qsAqjxx2oDE
https://www.pccb.fr/

BUSCANDO PARECIDOS

 Una agradable diversión consiste en buscar los parecidos dentro de un núcleo familiar. Unos fotógrafos lo han hecho combinando en un rostro la mitad del padre o de la madre con uno de sus hijos o hijas. Como botón de muestra podemos ver que Will Smith y su hijo Jaden son casi el mismo hombre de joven y adulto. Los ojos, las orejas, el tono de piel, el pelo, etc. Es verdad que algunos familiares ven parecidos en las mayores diferencias, pero bueno, se entiende que el cariño barniza todo con el mismo color. Si nos vemos al espejo, preguntémonos sobre nuestro parecido con nuestros padres, pero no nos quedemos sólo en el aspecto físico. ¿Tenemos su fuerza de voluntad, su capacidad de sacrificio, su sencillez de corazón, su fe nítida y profunda, su rectitud de conciencia, su humildad ante los misterios de la vida, etc? Movidos por el amor, los padres desean que sus hijos sean no sólo parecidos a ellos, sino mejores en todos los aspectos, especialmente en las virtudes y convicciones. Y es que el amor desea lo mejor para los demás. Demos gracias a Dios por el parecido con nuestros padres, pero más aún, por aprender de ellos a ser hombres y mujeres de fe y de bien. De hecho, es ésta la mayor herencia que podemos recibir de papá y mamá. Poca cosa sería llevar en el rostro una misma nariz familiar, sin una cualidad parecida en nuestro interior. Los parecidos físicos son simpáticos, pero aquellos del alma delatan nuestra personalidad y virtud. Es grandioso cuando una familia se caracteriza por un rasgo de santidad personal.

¿PIZZA DE DÓLARES?

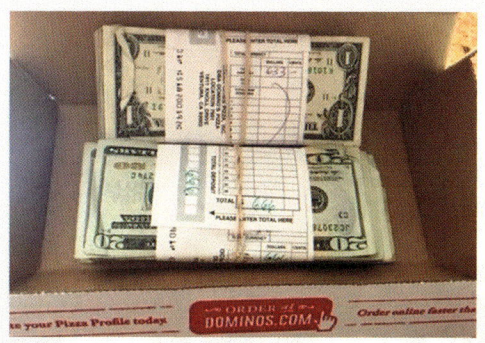

Más de alguno habrá sentido que la fortuna le toca por la espalda cuando recibe un beneficio económico inesperado. Así sucedió a Mike Vegas, en Berkeley, California. Había pedido una pizza para cenar y en vez de un platillo sabroso de pepperoni y champiñones se encontró dos fajos de billetes: ¡1300 dólares! Obviamente el repartidor se había equivocado, entregándole el dinero que debía depositar en el banco. Por lo visto, algunos amigos dijeron a Mike que se quedara con ese botín, pero la almohada y la conciencia fueron de la opinión diversa y al día siguiente se presentó en el negocio para devolver la "pizza de dólares" -¿se podría llamar así?-. La recompensa por su honestidad fue un año de pizza gratis. Es posible que algo parecido nos haya sucedido alguna vez, aunque se haya tratado de unos pocos centavos al recibir el cambio. ¿Nuestra honestidad tiene la palabra definitiva y se sobrepone al susurro goloso de la tentación? No cabe duda que una persona recta vale mucho más de aquello que devuelve y que una deshonesta se reduce a menos de lo que roba. En nuestras manos está siempre hacer el bien y Dios bendecirá la fidelidad a nuestra conciencia. Y si además recibimos alguna recompensa de los hombres, no vendrá mal. Deseamos a Mike que disfrute de cada pizza, pues es sabrosísima sazonada con una conciencia en paz.

¡QUÉ BONITO!

Las redes sociales se han encargado de congregar millones de personas entorno a un niño que sufre hidrocefalia y una malformación congénita en las manos, que le ha hecho ingresar en el quirófano más de quince veces. ¿Qué imán posee este pequeño héroe, apasionado por el canto, para reunir tal cantidad de gente entusiasta? Sus padres, Toñi y Rafa, nos dan una pista enorme: Adrián "es el niño más feliz del mundo; es un ejemplo de lucha, superación y fuerza". Así podemos verlo en la grabación que nos lo presenta cantando, junto con su hermana Sonia, "¡Qué bonito!" de Lola Flores. El ritmo flamenco nos embelesa con su magia; trans-portándonos sobre sus notas hasta el tiempo de los moros y judíos en la bella Andalucía. Parafraseando el canto, podríamos decir: ¡Qué bonito, Adri, cuando nos regalas la emoción de tu corazón! ¡Qué bonito cuando vemos tus ganas de vivir! ¡Qué bonito cuando cantas para tu familia, para tus amigos, y para los que te conocemos desde lejos!. ¡Qué bonito cuando vemos tu ilusión por ser artista! ¡Qué bonito cuando tu voz se escucha por el mundo entero porque brota de tu corazón limpio! ¡Qué bonito cuando juntos agradecemos a Dios el don maravilloso de tu vida!

Adrián Martín canta "Qué bonito":
https://www.youtube.com/watch?v=KSFxGO2zMF4

PUENTES DE CRISTAL

Nos ha tocado ser testigos de la construcción de los primeros puentes de cristal en el mundo. Penden sobre los miradores excepcionales del Gran Cañón (USA), del glaciar de Alberta (Canadá) y, el más reciente, sobre un acantilado en el Parque Geológico Nacional Shiniuzhai (China). Damos por cierto que son el inicio de muchos que vendrán. Ahora bien, hay quien dice que estos puentes son "absolutamente aterradores", pues aunque los paneles de cristal pueden sostener un peso medio de 4500 kilos, la persona que camina encima avanza con las piernas temblando mientras revolotea en su interior el temor de que se rompa a sus pies. Estos puentes de cristal nos permiten volar sin alas, despegarnos del terreno al que estamos anclados cada segundo de la vida, saborear las cumbres que escapan a nuestras manos, ver con ojos de águila una perspectiva nueva del mundo increíble que Dios nos ha regalado… En esa experiencia las personas abandonan toda pretensión y suelen caminar unidas de la mano, arropadas en el mismo sentimiento de fragilidad. Parece que conforme más nos elevamos de la tierra, mejor comprendemos la necesidad que tenemos unos de otros. ¡Ojalá todo el mundo fuera un puente de cristal! Aunque, pensándolo bien, ¿nuestra vida no es acaso un puente entre el mundo y la eternidad?
Glass-bottom bridge: https://youtu.be/rRIrs8hQNv0

APRENDER A RUGIR

Un león ruge con tono ronco y profundo. Es su señal de fuerza y dominio. A escasa distancia sus cachorros lo observan, lo oyen e intentan imitarlo. Han causado simpatía estas crías del poderoso rey de la selva. Emiten un chillido que no molestaría ni a una gallina. Ahora bien, ese primer intento posee el entero poder de su raza. Su rugido de cachorro es hoy una nota de flauta dulce; pero en un futuro cercano se convertirá en un toque de guerra que infundirá terror, especialmente cuando se mezcle con las sombras del atardecer. Quienes filmaron esta escena dejan escuchar su risa, pues en verdad se trató de algo curioso. Y es posible que también haya pasado por su mente una reflexión que nos ha surgido a varios: los hijos, como esos cachorritos de león, imitan y aprenden de sus padres a comportarse, a expresarse, a afrontar su destino, a tomar las riendas de su propia vida. Ojalá que el aprendizaje sea excelente, es decir, que los padres sean el modelo de lo que deben lograr sus hijos. En materia de educación no hay horarios; los pequeños siempre ven, escuchan, preguntan, juzgan. Con el pasar del tiempo, su rugido se irá engrosando, es decir, tomarán sus propias decisiones, pero qué duda cabe que en su mente y corazón resonarán aquellas primeras lecciones de su vida.

https://www.youtube.com/watch?v=q_-VVRf35Pw&feature=youtu.be

UNA CANASTA DE ALTURA

 Al fin de cada año llega puntualmente a las librerías una entretenida seria de publicaciones sobre los hechos relevantes y sobre los récords establecidos en todas las modalidades imaginables de nuestra vida. En estas fechas hemos sabido de una proeza curiosa: la canasta que logró Derek Herron en colaboración con sus compañeros Brett Stanford y Scott Gaunson. El lanzamiento del balón fue desde el borde de la presa de Mauvoisin, en Valais (Suiza) a 180 metros de altura. Al tercer intento el joven logró encestarlo y la grabación nos regaló un espectáculo nada común. Vemos cómo Derek lanza con suavidad del balón, el cual, atraído por la fuerza de gravedad, cobra una vertiginosa velocidad. Entonces da la impresión de que las manos del viento se encargan de guiar la trayectoria del balón para que atraviese limpiamente el aro de la canasta. Es un proyectil preciso. Nos alegramos por estos jóvenes y les deseamos éxito en sus siguientes ocurrencias. A nosotros baste preguntarnos qué hemos logrado en este año para bien de los demás y para dar un paso más hacia las puertas doradas del cielo. Cada uno tiene su historia, sus anécdotas que narrar, sus propios recuerdos. Quiera Dios que sean agradables a sus ojos. A veces no conseguimos a la primera cumplir nuestros buenos propósitos. No desfallezcamos e intentemos una y otra vez. Es más fácil hace algo bueno que encestar un balón a 180 metros de altura…

https://www.youtube.com/watch?v=dwkg2e7CY48&feature=youtu.be

LA PIEL Y LA BELLEZA DEL ALMA

Piel y pellejo proceden de la misma palabra latina "pellis". Se trata del. mayor órgano de nuestro cuerpo con un tamaño medio de 2 metros y un peso de 3-4 kilogramos. Desde pequeños fuimos educados en su limpieza y cuidado, aunque quizás no siempre hayamos valorado su importancia como protección de nuestro cuerpo y, al mismo tiempo, como punto de contacto con todo lo que nos rodea. Su importancia es tal que puede llegar al grado de condicionar la percepción de nosotros mismos y la relación con los demás. Un dato curioso es que a lo largo de la vida cambiamos de piel unas 900 veces, porque continuamente se está regenerando. ¡Increíble! Este dato nos puede sugerir una oración de gratitud a Dios por el don maravilloso de la creación y, muy concretamente, por el regalo estupendo de nuestro cuerpo, que esconde un portento de sabiduría y de amor. Cuando alguien dice que "no puede cambiar", debería motivarse viendo su piel, es decir, pensando en las 900 veces que se regenera… El amor de Dios, que es capaz de convertir "piedras en hijos de Abraham", es nuestro consuelo y motivación, nuestra fuerza e impulso para llegar hasta la madurez y santidad que Él desee. Cuidemos la piel de nuestro cuerpo y la belleza de nuestra alma. Entre ambas se dará una mezcla inefable cuando llegue el día de la resurrección.

LLUVIA DE DIAMANTES

 Se suele decir que si lloviese dinero, no se mojaría el suelo. ¿Y si se tratase de diamantes? Según unos científicos de la Universidad de Wisconsin-Madison, en la parte superior de la atmósfera de Júpiter se reúnen unas condiciones de presión y temperatura que convierten el metano en trozos de grafito y diamante a medida que desciende a la superficie. Debe ser algo extraordinario. ¡Una lluvia de diamantes! Imaginemos que lloviesen esas piedras preciosas sólo durante cinco minutos en nuestro barrio o ciudad. ¡Todos saldríamos a la calle o terrazas con las manos abiertas, con redes, con baldes, para pescar las más posibles! Pidamos a la misma imaginación que nos ayude a visualizar otra lluvia más maravillosa, esa que cae, a veces serena, a veces a torrentes, sobre nuestra vida de cara a la eternidad: ¡Las bendiciones de Dios! Podríamos decir que nuestra humanidad "reúne unas condiciones de presión y temperatura", es decir, "de necesidad de amor y perdón" que toca las puertas del cielo. Nuestro buen Dios nos responde con sus bendiciones embelleciendo nuestro camino hacia Él. Un camino "estrecho y arduo" que nos guía, entre las caricias del sol y los temores de la noche, hacia el destino último de nuestra existencia y que da razón suficiente a los misterios de nuestra carne mortal. Abramos el corazón para acoger los diamantes divinos, esas bendiciones que nos consuelan, motivan y exigen; que nos hacen volver siempre la mirada a lo alto para decir: ¡Qué grande eres, Señor!

TOM, EL BUEN SAMARITANO

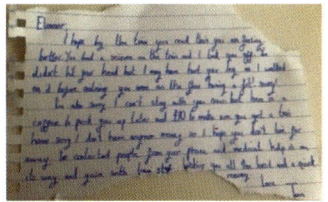 Ellie Farnfield padece de epilepsia y sufrió un ataque durante un trayecto en tren. Poco después se despertó en el hospital, donde había sido atendida. Su sorpresa fue recibir una nota que decía lo siguiente: "Eleanor. Espero que cuando leas esto ya te sientas mejor. Tuviste convulsiones en el tren, así que me bajé contigo. No te golpeaste la cabeza, pero puede que haya dañado tu pierna mientras intentaba ayudarte; ¡momento en que me di cuenta que estabas teniendo un ataque! ¡Perdón! También discúlpame por no haberme quedado contigo, pero aquí te dejo un café que podría reanimarte y 10 libras para asegurarme de que puedas volver a casa. Perdóname, no tengo mucho dinero, así que espero que no vivas demasiado lejos. Contacté a algunas personas desde tu celular y ayuda médica, quienes vienen en camino, mientras te acompaña la tripulación del tren. Te deseo lo mejor y que tengas una pronta recuperación. Cariños, Tom". La tarea que se ha dado Ellie es localizar a esta buena persona para agradecerle personalmente sus atenciones La nuestra, sin duda, es volver a leer y meditar la parábola del Buen Samaritano, que Tom ha aplicado dándole un nuevo rostro sobre las rutas transitadas de Londres. Quizás él "no tenga mucho dinero", pero justo esto permite resaltar que el amor es más fuerte cuando es más puro en su donación. El amor se entrega sin esperar nada a cambio. Es posible que algún periodista esté al acecho de Ellie, por si encuentra a Tom. No lo dudemos, Dios siempre nos ve esperando que seamos "buenos samaritanos".

TÚ ME LEVANTAS

"Cuando estoy deprimido y mi alma tan cansada.
Cuando los problemas vienen y mi corazón está agobiado;
entonces, me quedo quieto y espero aquí en silencio hasta
que llegas y te sientas un rato conmigo.
Tú me levantas para que pueda pararme sobre las
montañas. Tú me levantas para caminar sobre los mares
tormentosos. Soy fuerte cuando estoy sobre tus hombros.
Tú me levantas a más de lo que yo puedo estar..."

Escuchamos este suspiro del corazón en la canción "You
raise me up" de Josh Goban. Recientemente fue
interpretado por unos niños chinos logrando el aprecio de
millones de personas. El tono del canto es casi siempre
elevado, fuerte y decidido, y se clava como una espada en
nuestras fibras íntimas. ¿Quién nos levanta una y otra vez
en la vida? Somos hombres débiles, las dificultades agobian,
los proyectos truncados descorazonan, el olvido y la

ingratitud nos desangran… ¿Quién nos levanta? Es Aquel que nos concedió el corazón para poder amar, es toda persona que nos da la mano para caminar juntos algún trecho del camino, es Aquel que ilumina nuestro camino para poder llegar hasta su morada en el cielo, es quien ríe y llora con nosotros, quien nos lleva en su pensamiento aunque la distancia nos separe. "Tú me levantas" con tu sola presencia porque nuestro destino supera los abismos de un mundo imperfecto. "Tú me levantas" porque no nacimos para estar caídos, sino para correr, para volar hacia un mismo hogar.

Ver: https://www.youtube.com/watch?v=HeUJ4Y-XOeY

GAITAS Y TAMBORES EN EL CASTILLO DE EDIMBURGO

Corría el año de 1948. Aún sangraban las heridas abiertas por la Segunda Guerra Mundial. Entonces, el alcalde de Edimburgo sugirió crear un espectáculo musical de gaitas y tambores para levantar el ánimo de las personas. Ese fue el inicio de una tradición cultural que ha perdurado hasta nuestros días, creciendo en prestigio y belleza. Las tibias noches del verano escocés son el marco ideal para quince bandas militares y civiles del Reino Unido y de varios países como Australia, Estados Unidos, Canadá o Noruega. Luciendo los tradicionales "kilts" o faldas de estampados escoceses, ilustran con sus notas musicales la historia del Reino Unido desde la época de los pictos hasta la coronación de la reina Isabel II. Es algo verdaderamente de ensueño. Ojalá un día podamos sentarnos en las gradas del Castillo… Ese escenario nos permite considerar que gran parte de nuestros eventos culturales han nacido del noble deseo de ayudar al necesitado, de consolar al triste. Podríamos decir que la caridad es rica de ingenio y genera cultura. ¿Qué se nos ocurre a ti y a mí para levantar el ánimo de un familiar o amigo, de una comunidad o de un país? Y es que el desaliento anestesia el alma, roba colores a la vida, quema las ilusiones, es una guillotina de toda donación generosa a los demás. El alcalde de Edimburgo lo comprendió bien, pues seguramente él sufrió en carne propia los desgarros emocionales que provoca la guerra; ese no comprender por qué el hombre es capaz de odiar a su prójimo, siendo que sólo el amor nos concede la felicidad en la vida. Toda iniciativa por hacer el bien a otra persona es grande aunque sólo se trate de una simple sonrisa.

The massed pipes and drums:
https://www.youtube.com/watch?v=oBYVmnMFMtA&list=RDHW3QVLlK-kE&index=7

LAS SIETE VIRTUDES DEL EMPERADOR

 La historia conserva recuerdo de algunos matrimonios inolvidables, como el que enlazó las vidas del Emperador Carlos V y de Isabel de Portugal. Corría en Sevilla el mes de marzo de 1526. El pueblo abarrotaba las calles rindiendo un abrazo de cariño a los monarcas. Cabe destacar un particular cargado de simbolismo: Partiendo de la Macarena se levantaban siete arcos triunfales que simbolizaban las virtudes del buen soberano: Prudencia (en la Puerta de la Macarena), Fortaleza (Santa Marina), Clemencia (San Marcos), Paz (Santa Catalina), Justicia (San Isidoro), Fe (El Salvador) y Gloria (las gradas de la Catedral). En pocas palabras, se deseaba a Carlos e Isabel que las virtudes de su condición como monarcas también adornasen y guiasen su matrimonio. Dios bendecía su enlace y a ellos correspondía colaborar para que una corona de virtudes brillara en sus decisiones, tanto en la intimidad de su amor, como en el ejercicio de su gobierno. No podemos imaginarnos sin el amor de Dios y sin virtudes. ¿Qué sería de nuestra vida personal y de la relación con los demás? Poco menos que el caos... Ciertamente nos ayudaría que una serie de arcos nos recordara las virtudes, cuando vamos camino del trabajo, de casa, del gimnasio, etc. Pidámoslas a Dios con humildad y trabajemos con empeño para conseguirlas: las virtudes son una corona que no se marchita.

¿QUÉ HACES ANTES DE DESAYUNAR?

 En los últimos años se han multiplicado las encuestas sociales. No es fácil que estén limpias de ciertas salpicaduras ideológicas, pero, en general, ofrecen pistas para tomar el pulso a nuestras rutinas de vida. En días pasados el World Economic Forum publicó una lista de 14 cosas que las personas exitosas hacen antes del desayuno. Éstas son algunas de las respuestas: Se despiertan temprano, hacen ejercicio, pasan tiempo de calidad con la familia, meditan para despejar sus mentes, y anotan las cosas por las que deben estar agradecidos. No cabe duda que iniciar bien el día marca una dirección a todas las actividades y sorpresas que llegarán. Una recomendación muy viva y sentida para los que gozamos de la fe cristiana, es dedicar unos minutos de oración para ofrecer el día a Nuestro Señor y para colocarnos en sus manos, con fe, con esperanza, con amor. Pedimos luz para obrar correctamente, para que nuestros pensamientos y decisiones sean del agrado de Dios y de beneficio para los demás, para que ese día, único e irrepetible, sea vivido en plenitud. Nuestra vida es una y no admite ensayos. ¿Qué hacemos antes del desayuno? Respondamos mañana, al levantarnos. La rutina querrá imponerse nuevamente, pero, ojalá que demos un paso para ser "personas exitosas", en sentido pleno, no sólo económico. Un día que inicia y termina bajo la mirada complacida de Dios es, en verdad, exitoso.

ALEGRES EN LA DIFICULTAD

Las personas alegres son una bendición. Y que conste muy claramente que ellas también pasan por malos momentos, en ocasiones mucho peores de aquellos que nos arrancan quejas y pesares. La diferencia está en la actitud que adoptan, en ese mirar un paso más allá del momento presente, en ese granito de fe sembrado en su alma sencilla, en ese ver lo que tienen para salir adelante, no sólo lo que han perdido por una desgracia. La foto de este niño podría ayudarnos a ilustrar lo dicho. Como vemos, abraza sus zapatos nuevos con un rostro arrebatado de felicidad; parece que su sonrisa toca las puertas mismas del paraíso. Ahora bien, quizás nos haga pensar saber que fue tomada durante la Segunda Guerra Mundial. Ciertamente él no podía medir la magnitud de la tragedia en curso, pero sí nos recuerda la maravillosa capacidad que Dios nos concedió para gozar los gestos más sencillos de la vida, aún en medio del sufrimiento. Es un misterio que nuestra vida se teja de amor y dolor, de paz y turbaciones, de aspiraciones eternas y de apegos tan terrenos. Vamos en camino al cielo con los pies llenos de barro. No nos angustien las limitaciones del propio andar, mientras conservemos la capacidad de mirar al horizonte. Dios mantiene abierta la morada prometida, no obstante el cúmulo de errores de nuestra historia. En toda época el corazón del hombre siempre ha amado, manteniendo viva la llama de su destino eterno.

¿NO SABES ANUDAR TU CORBATA?

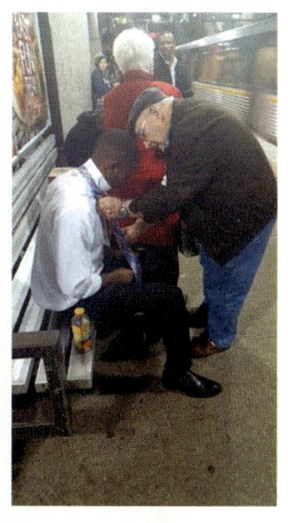 Al viajar en los transportes públicos, aceptamos estoicamente el fuego lento de ir apretujados entre personas, desconocidas en su mayoría o quizás en su totalidad. Pero, no es eso lo más notorio, sino el hecho de ser parte de una constelación de compañeros de viaje que giran, como diminutos planetas, en torno a sus preocupaciones e intereses personales sin apenas rozar a los demás. Quizás por ello resplandecen como el sol los gestos de atención hacia un desconocido. Así ocurrió en días pasados, cuando una señora se dio cuenta de que un joven no sabía anudar su corbata. Entonces, pidió a su esposo que le echara una mano. La escena fue recogida en una estación del tren de Atlanta por Redd Desmond Thomas, el cual sugiere una reflexión: "Imagínese cuántas vidas podemos tocar y las diferencias que todos podríamos hacer si sacrificáramos unos pocos minutos de nuestro tiempo para ayudar a alguien que lo necesite". ¿No es verdad? El amor nos concede el privilegio de ver a los demás y de salir a su encuentro para unir nuestros intereses. El amor nos hacer crecer juntos y es tanto más grande, cuanto sea capaz de atender los detalles más pequeños. Un gesto de delicadeza como el que recogió Redd, nos da idea de que un trayecto en tren es agradable cuando tus compañeros de viaje son amables contigo. Son semillas del paraíso que germinan en nuestra tierra.

ESTÁS EN EL REFLEJO DE MIS OJOS

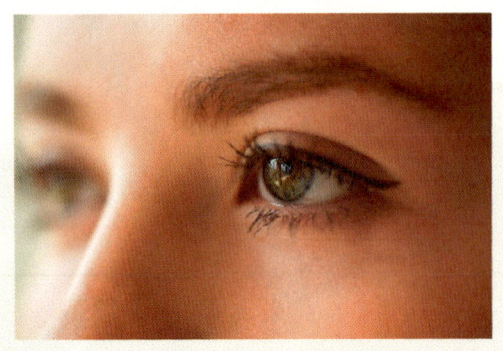 Los ojos reflejan las imágenes de nuestra vida: seres queridos, paisajes, calles, fiestas, accidentes, reuniones, ceremonias, etc. Dios nos concedió en los ojos la mejor cámara y el espejo más fiel que jamás se hayan podido imaginar. Este hecho ha sido resaltado gracias al avance de los lentes fotográficos, que nos permiten distinguir y analizar las imágenes capturadas por nuestra mirada. Se recrean imágenes nítidas, capaces de garantizar que "los ojos son las ventanas del alma" o "la lámpara del cuerpo" (Mt 6,22). ¿No es emocionante la historia que guardan? Pensemos en el rostro de Jesús reflejado en los ojos de María Santísima; en las escenas épicas que contemplaron los primeros exploradores; en el sufrimiento encarnado que llenó la mirada bondadosa de la Madre Teresa; en los perfiles de los verdugos –deformados por las lágrimas- que los mártires miraron antes de morir perdonando… Pensemos en el rostro de nuestra madre, en la mirada abierta de un niño ante los consejos de su padre, en los ojos brillantes del joven enamorado… Pensemos en el reflejo de nuestro rostro en los ojos de quien nos ama y, también, en los de quien sufre nuestra presencia. Los ojos no hablan, sólo entregan al corazón la presencia de los demás y del mundo.

MUNDO, ¡CUÁNTO HAS CAMBIADO!

 La anestesia de la costumbre ha atenuado la percepción de los cambios sociales y tecnológicos acaecidos en los últimos años. ¿Qué tiene hoy de extraordinario recibir un e-mail, comunicarse por Skype o escuchar música con audífonos? ¿Qué rareza notamos en la luminosidad provocadora de los anuncios publicitarios y de los escaparates comerciales? Nos parece –especialmente a los niños y jóvenes- que "siempre ha sido así" y la verdad es que no. Hace sólo cuatro décadas las cosas eras muy distintas. En días pasados Otis Johnson salió de prisión después de 44 años. Una breve entrevista ha recogido sus impresiones sobre las novedades que encuentra en las calles y en el modo de comportarse de las personas. Hay detalles simpáticos: "Vi que todo el mundo va hablando consigo mismo, con cosas en las orejas. Y pensé, ¿se han convertido todos en agentes de la CIA?"... Vivimos grandes cambios externos, pero la cuestión más importante sería ver nuestro interior y revisarar si seguimos siendo esos seres amados por Dios, hechos a su imagen y semejanza, herederos de la vida eterna; si todavía deseamos ser santos y ganarnos el cielo con una vida digna; si el amor guía nuestros pensamientos y decisiones; si nuestras palabras son un regalo amable para los demás… El destino del hombre no cambia, aunque pisemos nuevos mundos.

https://www.youtube.com/watch?v=OrH6UMYAVsk&feature=youtu.be

RESPETO TU ESFUERZO

 Se ha dicho que en el deporte para aprender a ganar hay que saber perder. No siempre es fácil lograrlo, porque la emotividad está a flor de piel y tan rápido uno se irrita, como, por el contrario, se desalienta hasta el extremo de abandonar la competición. En ambos casos, se trata de una pérdida de control de uno mismo. El deporte es un gimnasio de carácter y de virtud personal, no sólo un elenco de puntuaciones. Por lo general, un grande deportista es un grande caballero. Así lo hemos visto en la llegada del XV Gran Premio Santa Bárbara de ciclocross, en Puente Viesgo, Cantabria (España). La prensa ha divulgado la foto de Ismael Esteban corriendo con su bicicleta averida a cuestas, mientras su rival, Agustín Navarro, pedalea lentamente, mantiéndose detrás ante «alguien que había sido superior en todo momento. A mí no me gusta ganar así» - dijo-. El culmen de la caballerosidad de ambos ciclistas lució en la premiación, cuando Esteban quiso entregar su premio, como tercer clasificado, a Navarro, pero éste se negó a aceptarlo. Estos jóvenes nos han regalado un gesto de elevada humanidad, digno de los ideales deportivos; podríamos decir que ha sonado más entre el público que la conquista de un trofeo. Quienes no somos profesionales en el deporte, sabemos que debemos dar lo mejor de nosotros mismos, no sólo para ganar alguna competición, sino, sobre todo, para descansar y hacer descansar en el deporte, que oxigena el cuerpo y serena el alma. Las almas nobles dan un toque atractivo a los torneos.

"DOBRI" SIGNIFICA FELIZ

 La vida nos concede el privilegio de conocer personas buenas. Una de ellas es el anciano Dobri Dobrev, residente en Sofía (Bulgaria). Es sobreviviente de las dos Guerras Mundiales, si bien perdió a su padre en la primera. Hace más de una década donó todos sus bienes y desde entonces se ha dedicado a mendigar para sostener a niños y personas necesitadas, y para colaborar en la restauración de iglesias y monasterios. Muchos atribuyen su larga vida a la bondad y generosidad con que nutre sus jornadas. Lo llaman "el santo de Baylovo". Estas almas parecen hechas de pedacitos de cielo, que abrillantan de manera sensible nuestro pobre polvo mortal. Dobri nos recuerda, con su ejemplo, que los hombres nacimos para el bien y que toda la vida es una conversión al amor de Dios. El hecho de que noticias tristes ocupen habitualmente los titulares de los periódicos y servicios informativos, no resta luz a las manos buenas que cada día nos acarician, nos corrigen y nos indican el camino a seguir. Hay mucho amor en cada familia –aunque no sea perfecta- y entre las personas que nos rodean; sólo que sus detalles gentiles muchas veces son imperceptibles ante nuestra vista distraída. Ojalá que podamos ser contados entre las personas que , como Dobri, llenan la vida con amor al prójimo, especialmente al más necesitado. Jesús nos abrió el camino y pisar sobre sus huellas nos eterniza.
https://www.youtube.com/watch?v=JTxfyLTzWlg

SI LO NECESITAS, COGE

Los dueños del restaurante no querían que se saliera a la luz, pero no pudo quedar oculto su gesto de ofrecer comida gratis a quien no pueda pagar. Afirman que no son "Cáritas", ni "Cocina económica", sino que desean ayudar a los vecinos que pasan necesidad. Dicen que los restaurantes tiran mucha comida y que ellos no desean hacerlo, sabiendo que personas solas o familias enteras sufren por llevar un mendrugo de pan a la boca. Su bondad se concretó en una mesita y unos recipientes con alimentos de su menú. Esto tuvo lugar en Santander, España, y el restaurante es –con perdón de los dueños, que finalmente aceptaron el reconocimiento de tantas personas- el "Rochi". A decir verdad, no se trata de un restaurante cuya fama culinaria goce de galardones internacionales, pero ahora miles personas lo hemos conocido gracias al nuevo rostro que ha concedido a la bondad. Ojalá que los clientes habituales lo sigan frecuentando para sostener esta buena obra. Cuando creamos un primer eslabón, la cadena del bien comienza a extenderse. Sin duda que hay que tener corazón y buen ingenio, pues "a los pobres siempre los tendremos entre nosotros". Y, si de pobreza hablamos, nadie es más pobre que quien carece de amor. Los platillos que regala el "Rochi" demuestra que el menú es preparado por personas de grande talla humana. Dios bendice a quien "da de comer al hambriento, visita al enfermo, viste al desnudo…".

TELL ME WHY - DIME POR QUÉ

 Diez días después de su 11 cumpleaños, Declan Galbraith editó su primer disco con la canción "Tell me why". Era el 9 de diciembre de 2002. En esa ocasión niños de Inglaterra e Irlanda se aglu-tinaron entorno a Declan formando el mayor coro de la historia. Un récord Guinness. La noticia recorrió el mundo. Esa noticia feliz resaltaba el claroscuro de los fuertes interrogantes cantados por Declan en tono alto y exigente: ¿Por qué nuestros sueños no corresponden a la realidad? ¿Por qué la risa no es nuestro lenguaje? ¿Por qué tanta gente en necesidad y por qué no le damos la mano? ¿Mi vida es un desperdicio en un mundo lleno de guerra? ¿Por qué no podemos ser amigos?... Hemos de reconocer que el tejido de nuestra historia humana entrelaza hilos de felicidad y de dolor, que caminamos entre alegrías llevando alguna pena a cuestas. Es verdad… Tras el éxito, Declan fue invitado a cantar "Tell me why" en múltiples escenarios. Uno de ellos fue en ambiente Navideño. El canto del niño parecía mezclarse al de los ángeles que anunciaban la llegada del Redentor. El amor de Dios responde a nuestros interrogantes y nos ofrece la posibilidad de sanar con el amor nuestras heridas, de perdonar, de rescatar la bondad que llevamos en el corazón… El silencio del Niño Jesús, recostado en un pesebre, es la mejor respuesta a los interrogantes que nos duele cantar… "Una luz ha brillado en la oscuridad" (Jn 1,5)
https://www.youtube.com/watch?v=MMhzpuYbnMw

LEXI YA NO CREE EN LAS HADAS

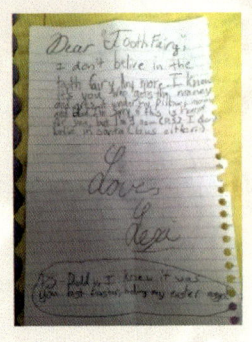 Lexi tomó la decisión de comunicar a sus padres que ya era mayorcita y que, a su edad, sabía que no existían el "ratoncito de los dientes", ni las "hadas", ni "Santa Claus". Mezclando cariño y seriedad, concluyó con estas palabras: "Siento si esto es duro para ustedes, pero ya tengo 9 años"... ¿Podemos imaginar cómo se abrieron los ojos de sus padres al leer la carta? Tanto les sorprendió que decidieron publicarla en las redes sociales, seguramente con la noble intención de que muchos padres de familia, como ellos, abran también los ojos. Detrás de la simpatía del hecho, se insinúa un reto fuerte de educación, que pide reflexión, tacto, respeto, exigencia, motivación abundante y el necesario impulso para una superación continua. La sociedad actual retira rápidamente el velo de la inocencia que los pequeños tenían años atrás. Su mundo de fantasía se descolora y corren el riesgo de que el secularismo los lleve a terminar creyendo que su dignidad humana y cristiana, la llamada a la santidad de vida y su mismo destino eterno sean una fantasía más. Los padres han de aplicar toda su intución y amor y pedir al Espíritu Santo que los ilumine para ir un paso por delante de sus hijos y ayudarlos a cruzar la frontera de la fantasía con serenidad. La entrada en "el mundo de los adultos" es complicada. Lexi ya no cree en las hadas, pero ahora ha de saber que sus padres han hecho por ella y la aman más de lo que se imaginaba. Madurar en la vida significa saber cada vez más quiénes somos ante Dios y ante los demás actuando en consecuencia.

FIERAS DETRÁS DEL CRISTAL

Visitar un zoológico tiene un toque mágico y fuera de lo común. La vida salvaje ha quedado a años luz de nuestros centros urbanos, que a duras penas logran salvar áreas verdes. En los zoos, se divierten los niños jugando con las fieras. Son escenas que resultan simpáticas e incluso enternecedoras. Todo discurre en un ambiente seguro, gracias a unos milímetros de cristal reforzado. Ahora bien, se enchina la piel al ver cómo un león, un tigre, o un oso se lanza a la caza de los niños. Las medidas de protección consienten que los zarpazos mortales de esas fieras se reduzcan a caricias de limpiacristales y que sus fauces abiertas a un palmo de ellos sean ocasión de una anécdota feliz. ¡Y pensar que sólo unos milímetros separan la diversión de la tragedia! No es muy diferente lo que nos sucede con aquellos "cristales reforzados" que nos mantienen en estado de gracia santificante. Los llamamos luces del Espíritu Santo, delicadeza de la conciencia, compunción del corazón, vida interior, santo temor de Dios, etc. Los peligros para el alma son más terribles que las fauces y garras de un león, pero nuestra defensa es similar a las de los zoológicos: hemos de estar detrás del "cristal", evitando la tentación y creciendo en el amor. Por ello rezamos: "no nos dejes caer en tentación y líbranos del mal". Los ojos de nuestro buen Dios están sobre nosotros, como los de los padres de estos niños que se divierten entre fieras.
https://www.youtube.com/watch?v=0RRHDvYR524

ABRIR HORIZONTES

Decía Mark Twain: "Viajar es fatal para el prejuicio, la intolerancia y la estrechez de mente". Dicho lo mismo en sentido positivo: quienes tienen la oportunidad de viajar para entrar en contacto con otros pueblos, se encuentran a su regreso con las manos llenas de experiencias, con una comprensión más justa y serena de las diversas culturas, con una respetuosa valoración del patrimonio espiritual, artístico e intelectual de cada país, y con una visión más amplia de los horizontes que el hombre ha ido abriendo a lo largo de los siglos. Hay diversos motivos para realizar un viaje, sin importar el lugar ni la duración; lo importante es la actitud que asumimos al pisar otras tierras. En realidad, depende de quiénes somos y a qué aspiramos en la vida, el poder recoger buen fruto de toda experiencia nueva. Viajar es siempre un descubrimiento y también un motivo para ser más agradecidos a Dios por el don de nuestra existencia. Hemos de colaborar para que el bien florezca en el corazón de cada persona y pueblo que podamos conocer. Entonces, los viajes no serán simplemente un cúmulo de fotos, sino una parte de la persona que somos. De hecho, quienes nos aprecian se alegran de que podamos cruzar fronteras, pues saben que el contacto con otras culturas es siempre motivo de madurez. ¿Y si nunca salimos de nuestro pueblo?... Prevalece lo fundamental: quiénes somos es lo que da valor a la tierra que habitamos.

CHAMPÁN Y CENIZAS

Sorprenden las coloridas tradiciones repartidas por el mundo para comenzar un Año Nuevo: Las "doce uvas" en España, los "platos rotos" en Dinamarca, la "cucharada de lentejas" en Chile, etc. Cada una tiene su historia, salpicada con diversas dósis de folclore, simbolismo y superstición. Una que podría ayudarnos a reflexionar es la tradición rusa de escribir un deseo en un pedazo de papel, quemarlo, y echar las cenizas en la copa de champán para beberla en el primer segundo del Año Nuevo. ¡Brindis de champán y cenizas! Podemos suponer que el fuego purifica y sublima el deseo, que lo custodia en el secreto de las cenizas y que, de alguna manera, al desintegrarlo, lo eterniza. Por su parte, el champán es siempre símbolo de esperanza y de triunfo; de ahí que sea vertido en las copas en ocasión privada o pública cuando hay motivo de festejo. El champán y las cenizas se mezclan en Rusia; no es nuestra tradición, pero bien nos permiten vernos reflejados ante un Año Nuevo, que nos deja con las cenizas del pasado y nos abre las puertas del futuro; que nos permite desear un porvenir mejor, pero que nos pide a cambio el fuego de un mayor empeño y perseverancia. El caso es que, si fuese nuestra tradición, sería conveniente que junto a un simple deseo, escribiéramos también una oración, porque el tiempo es un don de Dios y de su buen uso depende nuestro destino.

WATOTO

"Watoto" significa "niños" en lengua swahili. Desde hace unos años la iglesia cristiana pentecostal de Uganda ha formado un coro de huérfanos que perdieron a sus padres por causa del sida o de la guerra. Son el "Watoto Children's Choir". En su breve historia han recorrido varios países electrizando los oídos al ritmo nativo de África. Una de sus canciones recientes no es sino una oración de alabanza a Dios. "¡Sé exaltado, oh Señor, nuestro Dios! ¡Sí, tú reinas!..." La alegría de su rostro, la intensidad de sus voces y la vibración de su danza son una alabanza de rara hermosura. Los pies descalzos de los niños saltan sobre una tierra que ha bebido ríos de sangre y de lágrimas, y cuyo camino hacia el desarrollo parece interminable. Estos chicos son una punta de lanza de las nuevas generaciones en busca de paz, de justicia y de amor. Sueñan con un mundo en el que todo hombre alabe a Dios y sea un hermano. El canto de "Watoto" se eleva como una oración, calma heridas, desea unir corazones y dar voz a una generación que ha sufrido enormemente desde sus primeros años de vida. Son huérfanos de la guerra y de los flagelos que azotan su continente maravilloso. Es posible que el ritmo de este canto nos acompañe por un buen rato, pues es dulcemente pegajoso. Pidamos para que su alabanza a Dios sea una bendición para sus vidas y para que encuentren en nosotros una mano amiga.

Be exalted:
https://www.youtube.com/watch?v=WMxGCCpu4Qw

SIETE RÉCORDS EN UN DÍA

Desde hace nueve décadas los Globetrotters han ofrecido más de 25 mil juegos en 122 países. Son apreciados por su increíble mezcla de saltos, trucos y humor, dejando la boca abierta del público por el control, fuera de lo común, del baloncesto. Su última hazaña en 2015 ha sido establecer 7 récord Guiness en un solo día: El tiro más lejano con los ojos vendados, el tiro más lejano de cuchara, el tiro más lejano de rodillas y de espaldas, el gancho más lejano con los ojos tapados, los tiros de tres puntos por dos personas en un minuto, los mates en un minuto, y el tiempo del balón girando por la nariz. No hay mucho que comentar, sino desearles que sigan desarrolando sus habilidades, ¡ah!, y que cuiden mucho al Papa Francisco, a quien nombraron el 90 miembro honorario Globetrotter. Y mientras el tiempo corre y nos regala otro Año Nuevo, quizás podríamos echar un vistazo hacia atrás y ver cuáles fueron nuestros récords en los estudios, en la educación personal, en la amistad, en la oración… Es posible que el avance haya sido de un sólo milímetro, pero, ¡establece un nivel más elevado! Lo importante es avanzar, levantarse, encender la ilusión, alzar la mirada a metas mejores. Ni el tiempo ni la vida se detienen y esta bendición nos concede enmendar errores y ensanchar los aciertos. Ojalá que en la próxima Nochevieja podamos constar algún nuevo record en nuestra persona.

https://www.youtube.com/watch?v=zJmvBM18SiU&feature=youtu.be

EL PODER DE UNA SONRISA

William Shakespeare decía: "Es más fácil obtener lo que se desea con una sonrisa que con la punta de una espada". ¿No es verdad que estamos de acuerdo? Y es que el poder de una sonrisa reside en un corazón bueno. A este propósito, Jesús enseñaba que nuestro corazón es el cofre de nuestros tesoros; de ahí que cuanto deseemos compartir sea siempre una riqueza para los demás. La sonrisa podría parecer algo dado por descontado, sin embargo, ¿hemos pensado en el privilegio que Dios nos concedió de poder sonreír? Para corroborarlo, echemos mano de una viñeta de "Mafalda", que dice "salud" al ver que un gato estornuda; el micho se le queda viendo sin expresar absolutamente nada y la niña, alivida, concluye: "¡Menos mal! Llega a decirme gracias y despachurro el presupuesto familiar pagando psico-analistas"... Diríase lo mismo si el gatito le hubiera sonreído... Nunca sucederá. El hombre es el único ser en el inmenso universo que puede sonreír desde la más tierna infancia. La sonrisa es un reflejo de su amor y felicidad y uno de los vínculos más cariñosos e importantes desde el primer momento de la existencia. Ya decía el poeta Virgilio: "Incipe, parve puer, risu conoscere matrem"(E. 4, 60) -comienza, bebé, a conocer a tu madre por la sonrisa-. Dejemos pues, que sea la sonrisa nuestra mejor oración ante Dios y el signo más transparente de aprecio por los demás.

SE BUSCA VOLUNTARIOS

 Cada salto tecnológico exige una experimentación. El ingeniero canadiense Charles Bombardier planea construir un avión que surque el cielo a una velocidad diez veces más rápida que el sonido: ¡10 mach! Esto significaría poder dar la vuelta al mundo en cuatro horas. Los desafíos son enormes: escalar carburantes diversos en pleno vuelo (del querosén al oxígeneo comprimido), lidiar con el sobrecalentamiento en la cabina, crear el corredor aéreo a 20 kilómetros de altura –con la terrible aceleración y el metal al rojo vivo que supondrán- y, lo más difícil: ¿quiénes tendrán el valor de ofrecerse voluntarios para el primer vuelo? Volviendo los ojos hacia los siglos pasados, los mismos dilemas, en escalas muy diversas pero paralelas, se presentaban a los exploradores de las junglas, a los navegantes de los océanos, a los escaladores de las altas montañas, etc. Hoy no supone ninguna dificultad para nosotros lo que en años pasados implicaba jugarse la vida. Seguramente habrá quien se alista para el vuelo inaugural del Skeemr –si se concreta-. Los hombres tenemos en el DNA del alma el anhelo del más allá, de cruzar todas las fronteras posibles. Es una chispa del cielo que llevamos dentro, porque Dios Nuestro Señor nos ha concedido el don de ser "eternamente insaciables" para el bien.

SÓLO ES UN RIDÍCULO RATÓN

Una de las sentencias más célebres del poeta romano Horacio es la siguiente: "Parturient montes, nascetur ridiculus mus" (Ars Poetica, 128). -Los montes se pondrán de parto y nacerá un ridículo ratón-. El poeta hacía referencia a los acontencimientos anunciados en altavoz, engrandecidos antes de ponerlos en obra, y que terminan en poca cosa o en nada. Por lo visto, esto ocurría ya en el siglo I a.C., así que no es novedad que suceda también en nuestros días. Los hombres no hemos cambiado demasiado. El hecho es que solemos prometer mucho y concretamos poco. ¿Será por falta de realismo, por demagogia, soberbia o ingenuidad…? Quizás de todo un poco… Pero no hay que desanimarse. A veces ese ratoncito que hacemos nacer, simboliza un esfuerzo empapado de ilusión, un sacrificio íntimo que sólo Dios puede medir. Sí, hemos de cultivar siempre un humilde realismo, pero sin renunciar a las más grandes aspiraciones para el bien nuestro y de los demás, "para la mayor gloria de Dios". En el fondo, todos tenemos algo de monte gigante y de ridículo ratón. Sigámonos esforzando para que nuestras vidas sean bellas, para caminar bajo el agrado de Dios, para que los demás reciban el don de nuestras personas a su servicio. Quizás algún día los montes de nuestra existencia puedan dar a la luz algo más grande que un ratoncito…

MARATÓN EN EL ESPACIO

El próximo 24 de abril, el clásico maratón de Londres contará con unos 30.000 participantes corriendo por sus calles y con uno, muy especial, desplazándose dentro de una nave espacial a 400 kilómetros sobre la Tierra y a 27.000 kilómetros por hora. Se trata de astronauta británico Tim Peake. Éste se prepara desde hace tiempo, consciente de que las condiciones serán sumamente diversas: correrá sobre una banda, sujetado por unas correas elásticas y ante un Ipad que le recreará el callejero londinense. Su ilusión es que "el acontecimiento mundial del maratón, salga también del planeta". Así que Tim será un embajador nuestro allá en lo alto y que, de alguna manera, extenderá nuestra presencia deportiva y familiar sobre las pistas interminables del espacio. Esta noticia es feliz y simbólica; ojalá pudiésemos llevar al espacio lo mejor de nuestra humanidad para que, al brillar como una estrella, nos recuerde lo buenos que podemos ser. Dios nos quiere santos y no dejará de concedernos el camino abierto para la superación continua. El hombre puede ya cruzar la órbita del planeta tierra; como, gracias al amor divino, es también capaz de cruzar el umbral del paraíso. El maratón en el espacio abre puertas a nuevas sugerencias. Todo sea para ser mejores.
Space race:
https://www.youtube.com/watch?v=FVKRJ7R8o5Y&feature=youtu.be

ESTACIÓN DE TREN PARA UNA CHICA

Hokkaido es la segunda isla más grande de Japón. Su clima es siberiano, con largos inviernos de frío intenso y con veranos cortos y frescos. Allí está la estación de Kami-Shirakati, en la que el tren se detiene dos veces al día: una para recoger a una chica de secundaria y otra para que regrese a su casa después de la escuela. La empresa Japan Railways había planeado cerrar esa estación, pero decidieron mantenerla abierta cuando supieron que la chica debía proseguir sus estudios. El servicio de tren continuará hasta que ella se gradúe. Este hecho tiene muchos ángulos positivos, pero destacan dos: la perseverancia de la niña en sus estudios y el servicio atento de la empresa japonesa de trenes. En este sentido, uno no se daría sin el otro. Un detalle que conviene resaltar es que la empresa de trenes ajustó el horario para que la chica llegue a tiempo a sus clases y para recogerla justo a su término. Sin duda que para ella deber ser un aliciente y un compromiso. Pero, ¿por qué va sólo ella?... Hay que considerar que Hokkaido es la última frontera de Japón, ocupando el 22% del territorio nacional, pero sus habitantes representan sólo el 5% de la población. Casi toda la isla es tierra virgen, de naturaleza intacta y paisajes de fábula. Así que la niña tiene el grande mérito de cultivar la formación académica en esa región tan poco poblada. ¿Qué hubieramos hecho en su lugar?... Algunos simplemente habríamos abandonado los estudios, pero otros, como la niña, nos habríamos esforzado más hasta agotar todos los recursos con tal de obtener un grado escolar. La verdad es que nuestras elecciones determinan quiénes somos. Pidamos a Dios que nos conceda elegir siempre lo mejor, aunque suponga para nosotros una larga hilera de sacrificios. Y bien, estaremos de acuerdo en que esta noticia feliz se convierte en una invitación para que subamos con la chica al tren, en ese viaje final que la llevará y recogerá de su graduación. La niña y la estación de Kami-Shirakati habrán entonces cumplido su misión.

REZA POR LAS ALMAS DEL PURGATORIO

Alguien ha comentado que los años jubilares son una ocasión excelente para "vaciar el purgatorio". Es verdad que la concesión de las indulgencias plenarias son un recurso que muestra la fuerza de la oración y de los tesoros inagotables de la Redención, así como es también un camino de conversión personal al amor de Dios. El Papa ha indicado de qué manera podemos lucrar la indulgencia plenaria en este Jubileo de la Misericordia; seguramente nos han informado en las parroquias. Ahora bien, releamos las palabras del Papa sobre la indulgencia aplicada para los difuntos: "De igual modo que los recordamos en la celebración eucarística, también podemos, en el gran misterio de la comunión de los santos, rezar por ellos para que el rostro misericordioso del Padre los libere de todo residuo de culpa y pueda abrazarlos en la bienaventuranza que no tiene fin". ¿No es grandioso poder ayudar a las personas que sufren las penas del purgatorio para que pasen a gozar de Dios en el cielo? Entonces, el simbolismo de la Puerta Santa se aplicará felizmente para ellas: ¡Podrán cruzar las puertas del paraíso! Así lo deseamos para estas almas purgantes, así lo deseamos para nosotros, cuando el Señor nos llame a su presencia. Este clima de caridad nos hace confiar que así como hoy ganamos indulgencias para las almas del purgatorio, un día otros lo ganarán para nosotros.

UN GESTO DEL PEQUEÑO PRÍNCIPE

 Tiene sólo 12 años el joven heredero al trono de Marruecos: es el príncipe Moulay Hassan, hijo del Rey Mohamed VI, de la dinastía Alauí. En estos días corre por los medios de comunicación el gesto del príncipe de retirar la mano cuando varios dignatarios se inclinaban para besarla, siguiendo una tradición de respeto a la casa real. Esto ha suscitado múltiples comentarios y lo primero que ha salido a la luz es que el protocolo no alude a un besamanos, más bien, que éste ha sido en las diversas culturas una señal de respeto de los hijos a los padres, de los creyentes a los sabios religiosos o de los súbitos al rey. Un primer parecer evidencia que el príncipe es todavía un niño y que le confunde el gesto de que le besen la mano. Otros sugieren intuir su respeto hacia las personas adultas. Y hay quien piensa que desea seguir la tradición de las casas reales europeas que consideran suficiente estrechar la mano e inclinar la cabeza ante los monarcas. Quizás algún día el mismo príncipe explique el motivo y si desea conservarlo cuando ocupe el trono de su padre. Ojalá que este hecho, en sí llamativo, nos permita reflexionar sobre el respeto con que nos tratamos unos a otros, y el que brindamos a Nuestro Señor en las iglesias. Impresiona ver el trato que le dispensan al niño príncipe. Los protocolos suelen modificarse, pero podemos mejorar siempre las actitudes y el trato mutuo.

https://www.youtube.com/watch?v=MgrwHF0BGns&feature=youtu.be

ERES UN TIBURÓN

 Sobrecogen las imágenes de un tiburón blanco en feroz cacería. Su potencia y agilidad no dejan escapatoria a las focas, una vez que las encuadra en su mira. El documental de la BBC acentúa los colores deslizando sobre la pantalla las imágenes en cámara lenta. Nos impactan de tal manera que no es fácil escapar a la sensación de sentirnos una presa más. Son escenas cargadas de dramatismo que mezclan nuestro asombro y terror. Desde luego que sólo nos quedaría encomendarnos a todos los santos del cielo si estuviésemos al remojo en esas aguas. Es posible que estas grabaciones aporten un rayo de luz a la expresión que se utiliza para describir a un empresario exitoso: "Es un tiburón para los negocios". Deseamos que se trate de algo positivo: de su capacidad de invención y de organización, de su calidad en el servicio a los demás, de su habilidad para crecer junto con toda la sociedad. Un buen "tiburón"en este sentido no es el depredador de los más débiles… Gracias a Dios, parece que prevalece el sentido noble de la expresión "eres un tiburón". Dios permita que cada quien lo sea en su propio ámbito personal, familiar y profesional. No se trata sino de conseguir el mejor fruto de los propios talentos; de dar a la caridad cristiana un cauce sólido, trascendente y amplio. El tiburón nunca tiene pinta de mediocridad.

https://www.youtube.com/watch?v=n9L4Mwn6wu0&feature=youtu.be

LA NIÑA BIÓNICA

 Niki Trepak se dio cuenta de que algo ocurría a su hija Olivia, pues acaba de ser atropellada y arrastrada por un auto y la niña no se lamentaba de nada. Con las marcas del neumático sobre su pecho y unas heridas en las manos y en la cadera sólo preguntó: "¿Qué pasa?".
Ahora es noticia que Olivia Farnsworth, de Huddersfield (Inglaterra), a sus 7 años, tiene una condición cromosómica rara que le bloquea toda sensación de hambre, cansancio o dolor. Obviamente descuadra que una "enfermedad" te impida sufrir. Ahora bien una cosa diversa es no sentir dolor a estar herido, no sentir hambre a la necesidad de alimentarte, no sentir cansancio a que tu cuerpo se desgaste por el esfuerzo. Digamos que esta situación especial impide que se enciendan esas lamparitas biológicas que nos avisan sobre nuestro estado físico. ¡Qué importante poder sentir! Pidamos a Dios que ayude a Olivia, que la proteja de eventos que puedan comprometer su vida por falta de sensibilidad física. Por nuestra parte, agradezcamos el don de sentir el frío y el calor, los dolores que a veces no nos dejan dormir, el cansancio en el trabajo… ¡Lo podemos sentir para poderlo ofrecer, para poder rezar, para poder amar más! Los médicos han apodado a Olivia como "la niña biónica". Pidamos por ella, pues en el corazón sí que siente el amor de los demás y de Dios.

BUEN HUMOR Y GOLAZO

Decía Chesterton, refiriéndose a san Francisco de Sales, que "el buen humor era la sal de todas sus ocurrencias". De hecho, las personas inquietas y felices poseen un humor fino y contagioso y qué a gusto nos sentimos a su lado. El buen humor –no la ligereza o superficialidad- es amiga de la madurez y juntas nos hacen agradables aun los deberes más ásperos. Un vídeo que triunfa en estos días en youtube se refiere al musculoso futbolista Givanildo Vieira de Souza, conocido como "Hulk". Durante un entrenamiento con su equipo actual del Zenit de San Petersburgo, engañó al portero en un tiro de penalty haciéndolo lanzarse sobre su bota, para después anotar gol sin problema alguno. Ocasionó una ola de simpatía entre sus compañeros. Nos sirva de pista para colocar una gotita de buen humor a la seriedad de nuestra vida. En este sentido, podemos rezar la oración de Santo Tomás Moro: "Concédeme la salud del cuerpo, con el buen humor necesario para mantenerla. Dame, Señor, un alma santa que sepa aprovechar lo que es bueno y puro, para que no se asuste ante el pecado, sino que encuentre el modo de poner las cosas de nuevo en orden. Concédeme un alma que no conozca el aburrimiento, las murmuraciones, los suspiros y los lamentos, y no permitas que sufra excesivamente por ese ser tan dominante que se llama Yo.

Dame, Señor, el sentido del humor. Concédeme la gracia de comprender las bromas, para que conozca en la vida un poco de alegría y pueda comunicársela a los demás. Amén".

https://www.youtube.com/watch?v=6zyllHdzyAc&feature=youtu.be

EL COCHE CONGELADO

 Hemos sabido que en Hamburg, Nueva York, Justin Yelen estacionó en la calle este coche para ir a una fiesta y que al regresar lo encontró congelado. ¡Qué "emocionante" sorpresa invernal! Es un botón de muestra de las bajas temperaturas que tocan tierra en gran parte de nuestro planeta. El hielo y la nieve llegan anualmente adormeciendo el paisaje bajo un manto limpio. Es verdad que crean dificultades, pero nos conceden diversión; entorpecen las comunicaciones, pero nos reúnen en torno a la chimenea de nuestros hogares; nos amenazan con las gripes, pero se dejan acariciar sobre patines y son ocasión de batallas divertidas mezclando su blancura con nuestras risas. En fin, que todo es bueno y bello, y que a nosotros corresponde gestionar la vida de la mejor manera posible. Este mundo, con sus fríos y sus calores, ha sido casa de Dios, hecho hombre en Jesucristo, y ha quedado para siempre bendecido por su presencia. Y bien, volviendo al coche, no sabemos la reacción de Justin, pero esperamos que se le haya pasado rápido el susto. Nosotros recibimos la foto, que nos ha compartido, como la tarjeta postal de un amigo, feliz de mostrarnos un pedacito inolvidable y bello de sus experiencias. Al menos ya sabemos que, si pasamos por Hamburg en invierno, nos convendrá dejar el auto en algún estacionamiento cubierto. Cada día tiene su lección que nos ayudará en el futuro.

¿SOY UN TALENTO DESPERDICIADO?

 Un deportista reconoció que su actitud ha perjudicado su carrera. En palabras suyas: "Durante los 10 últimos años, la gente ha dicho que yo era un talento desperdiciado. El problema es que me arruiné a mí mismo. Soy perezoso y nunca he hecho nada para dar lo mejor de mi rendimiento... Cuando tenía técnicos rígidos, yo me declaraba en rebeldía. Cuando tenía un entrenador suave, me echaba la siesta. Me di cuenta demasiado tarde de que el error era mío y no de los entrenadores". Así lo declaró ante las cámaras, pero en estas líneas no anotamos su nombre por respeto y con el sincero deseo de poder apropiarnos de su examen de conciencia. Es muy saludable meter la mano a fondo en las diversas facetas de nuestra vida para quitar somnolencias, indiferencias o excusas estériles. Nuestros talentos no bastan si carecemos de motivación ardiente, de esfuerzo perseverante, de empeño en una superación continua. A veces nosotros también somos "rebeldes" y damos la culpa de nuestros fallos a los demás, sean nuestros padres, maestros o directivos, sean nuestros compañeros o "la mala suerte"... En el fondo hay falta de exigencia personal en complicidad con una abundante indulgencia propia. La reflexión de este deportista es una invitación a realizar un examen de conciencia para ver qué talentos tenemos anclados. La humildad y la motivación nos alentarán para volver al buen camino. Jesucristo nos ayude a dar el fruto que su Padre desea encontrar en la viña de nuestra existencia.

SI HACES EL BIEN, TE VIENE EL BIEN

Cada día nos machacan noticias de robos y de fraudes. Pero, de vez en cuando, salta a la vista una noticia en sentido opuesto, dándonos a entender que ninguna tempestad puede apagar del todo la bondad que Dios encendió en nuestros corazones. Toni Sánchez, electricista de profesión, junto con un compañero, revisaba como cada día las farolas de un polígono industrial en Gerona (España). En su trayecto, ambos encontraron un maletín negro, lo revisaron, y se dieron cuenta de que contenía más de 14,000 euros en contante. Sin dudar se dirigieron a la Comisaría y entregaron a la policía el hallazgo. Toni aseguró que en absoluto le pasó por la mente quedarse con el dinero. Su convencimiento es que "si haces el bien, te viene el bien (así lo espera)". ¡Hermosa lección! Habría que publicar esta noticia en la primera página de todos los periódicos para dar aliento a las personas, siempre tentadas por el desaliento y la desconfianza en los demás (si no es que en sí mismas). Este convencimiento de Toni tiene un sabor paulino, pues el gran apóstol ardía de emoción predicando que hemos de vencer el mal con el bien. Esa es nuestra respuesta cristiana en toda circunstancia: ¡el bien! Que no es otra cosa sino brindar a los demás el amor que hemos recibido de Dios, sin mérito alguno. Y bien, el dueño del dinero agradeció la bondad de Toni con una recompensa. Sin duda que esto motiva su convicción, pues es "un bien que le vino por haber hecho el bien".

SI EN CRISTO Y CON AMOR ES ACEPTADO

Reza un himno: "Martirio es el dolor de cada día / si en Cristo y con amor es aceptado / fuego lento de amor que en la alegría / de servir al Señor es consumado". Lo primero que nos recuerda es que cada día tiene su dolor – como también sus alegrías, por supuesto-, pero el dilema se crea en la manera en que lo vivimos, siendo que el dolor a veces es imperceptible y en otras ocasiones, insoportable. "Si en Cristo y con amor es aceptado", entonces, Él mismo lo incorpora al misterio de su Pasión y Resurrección, a su inmenso amor de Dios, hecho hombre. El amor cristiano nos permite sufrir amando y amar sufriendo. Desde nuestra concepción iniciamos una peregrinación terrena que nos lleva por caminos insospechados, pues nunca sabemos qué sucederá al día siguiente; vamos de sorpresa en sorpresa. Y, si bien el gozo condimenta nuestros mejores momentos, también pasamos por limitaciones físicas (enfermedades, accidentes…) y por dolencias espirituales (soledad, incertidumbre, tristeza…), que nos dejan una huella indeleble. Esas son el "fuego lento" que nos introduce en el heroísmo de la virtud y en la posibilidad de llegar al "mayor amor", que es "el de dar la vida por los amigos" (Jn 15,13). El amor mismo nos concederá aumentar cada día "la alegría de servir al Señor" ya en esta vida y por toda la eternidad.

TESOROS OCULTOS

El paradero de tesoros increíbles es todavía un misterio, arropado por la historia y el mito. Han sido buscados durante siglos, pero nadie los ha encontrado. Unos de ellos son el tesoro de Juan de Inglaterra, el tesoro enterrado en la isla Oak, el tesoro del imperio inca, el tesoro de Flor del Mar y, quizás el más ambicionado, el tesoro de la flota de 1715. Éste último yace en el fondo del Atlántico, que engulló once buques de la Corona española, que transportaban lo equivalente a dos mil millones de dólares. Sería interesante que alguien los encontrara y les diera buen uso… Y, si de tesoros ocultos hablamos, ¿cuántos hay dentro de nosotros mismos y de los demás que todavía no descubrimos? A veces nos traiciona la ligereza en el trato y el poco conocimiento de nosotros mismos y pisamos sobre riquezas sin darnos cuenta. Un tesoro puede estar oculto en lo más profundo de la jungla amazónica, como también bajo una lápida en el parque de nuestro barrio. En este sentido algunas personas llevan sus tesoros muy ocultos y desafían nuestro interés por descubrirlos; otras, por el contrario, nos permiten acceder a ellos con una simple sonrisa. Cada persona es irrepetible, como el tesoro que lleva dentro. De nosotros depende querer y saber descubrirlos. ¿Y quién se entristece por haber encontrado un cofre de piedras preciosas? La verdad es que Dios se alegra por cada don que nos ha regalado y éste resplandece con mayor belleza cuando alguien lo descubre y aprecia.

NIÑOS CONTRA LA MODA

 Vivimos inmersos en un mundo de imágenes. La moda juega un papel relevante en este contexto, y cada año invade nuestro entorno con la promoción de sus nuevas colecciones. Ahora bien, ¿con qué ojos mirar estas imágenes que suelen valerse de la provocación para ganar clientes? La artista española Yolanda Domínguez ha empeñado su talento y formación profesional para despertar la conciencia social y, en particular, para criticar la representación de la mujer en el mundo de la moda y el uso de su cuerpo como un reclamo visual. Entre otras actividades, reunió un grupo de niños de 8 años para que dieran su opinión sobre imágenes de diversas marca de moda. Llama la atención que los pequeños con una reflexión inocente clavan un dardo a las intenciones comerciales de la moda. Ese "no entender como un adulto" lo que está detrás, les permite justamente decir a "los grandes" que hay fallos en el trato digno de la persona. La moda crea numerosos interrogantes y será útil que adquiramos una "educación visual" o un filtro ético que nos permita valorar al hombre y a la mujer como seres dignos en todas sus expresiones. Ojalá meditemos con más amor y detalle el trato que Jesucristo concedió a la mujer. Una figura notable es María Magdalena, a quien Jesús dignificó con su perdón, con su amor, y con la luz fulgurante de su resurrección.

https://www.youtube.com/watch?v=LlShHeU2qU4

¡RAÍCES FUERTES EN LA VIDA!

 El filósofo latino Séneca nos regaló sentencias que hemos conservado como piedras preciosas. Una de ellas es la siguiente: "Ningún árbol es fuerte sin continuos vientos; pues con ellos se fortifican sus raíces". El mensaje es claro y nos motiva para que aceptemos las dificultades de la vida como un momento de maduración personal, de robustecimiento en la virtud, de purificación y embellecimiento en el amor. Las dificultades son compañeras de la vida y depende de nosotros saber acogerlas y superarlas con una actitud positiva; de lo contrario una actitud negativa nos convierte en diana perfecta para que su aguijón se nos clave en el corazón vertiendo el veneno del pesimismo y desaliento; en la mente viciándola con la ponzoña de la confusión, y en la voluntad paralizándola con las toxinas de la flaqueza. El amor a Cristo y a los demás, si es ardiente, basta para seguir adelante, para sacar fuerzas de donde no las hay. El que ama se siente impulsado a dar más de sí mismo cuando soplan fuertes los vientos contrarios. Es un espejismo querer que las dificultades desaparezcan, por ello, debemos pedir a Cristo que nos conceda la fuerza para llevar la propia cruz, no que la quite de nuestra vida. ¡Seamos perseverantes para tener raíces fuertes! Qué bien resulta, en este sentido, la lección que muchos padres de familia inculcan en sus hijos: "Si caemos dos veces, ¡nos levantamos tres!". Así es, cada vez que nos levantemos, nuestra raíces serán más profundas y fuertes.

DISPARO BAJO EL AGUA

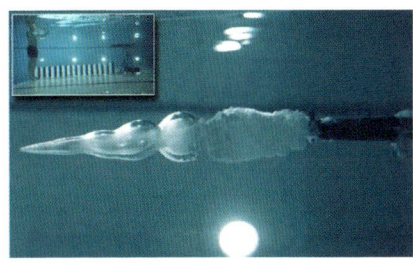 El agua es 800 veces más densa que el aire. ¿Qué pasaría, entonces, si alguien disparara con una pistola dentro de una piscina? Para que no quedase alguna duda, el científico Andreas Wahl lo experimento sobre sí mismo. El resultado y las imágenes grabadas son increíbles. La bala va miles de veces más lenta que en el aire y varía su trayectoria hasta paralizarse y caer vencida por la gravedad. Ni siquiera llega a Andreas -¡menos mal!-. Es de suponer que Andreas estudió y probó la teoría física sin ponerse delante del fusil, pero, aun así, no es nada agradable dejarse disparar ni en el más seguro de los experimentos. ¡Qué gran escudo es el agua! Esto sugiere el sereno pensamiento de la defensa que nos regala la humildad ante los disparos de las críticas y murmuraciones –que son crueles balas al corazón-. La verdad es que siempre hieren un poco o muchísimo, pero cuanto más "agua" interpongamos nos permitirá reducir su impacto. Pidamos cada día el don de la humildad al Sagrado Corazón de Jesús, no sólo para protegernos, sino, sobre todo, para hacer el bien en palabras, obras e intenciones; para poder responder con virtud a quien carece de ella. Si el agua es 800 veces más densa que el aire, ¿cuántas veces es más fuerte el alma humilde ante una pobre persona en las garras de la soberbia? El que es fuerte podrá ayudar al hermano que más lo necesite.

https://www.youtube.com/watch?v=tzm_yyl13yo&feature=youtu.be

MIS REGALOS SON PARA LOS NIÑOS

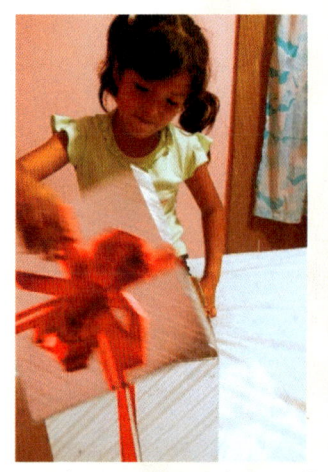

¿Cómo nos gusta que la familia y amigos nos celebren en el día de nuestro cumpleaños? Salvadas las excepciones, nos encanta ser felicitados, que nos preparan algún pastel y que nos den la sorpresa de algún regalo. Hasta aquí es lo normal, si bien, cada elemento varía mucho en sus proporciones, según las costumbres y posibilidades de cada quien. Nos agradará saber que un buen hombre, llamado Juan Molina, de condición modesta, acostumbra "celebrar su cumpleaños" llevando regalos, dulces y juguetes a los niños enfermos, alojados en hospitales públicos por familias de bajos recursos. Así lo recuerda cada año a sus conocidos para que, si desean darle algo, que se trate de un juguete o de un regalo para niños desfavorecidos. ¿No es edificante? Aquí se aplica aquello de que es mejor dar que recibir, y que la mejor alegría es alegrar a los demás. Podemos imaginar al Sr. Juan como un Rey Mago entre los niños enfermos. Se trata de un gesto de cariño, pero, sin duda, el portento reside en avivar el amor y la esperanza que Dios ha sembrado en el corazón del hombre. Estos actos bastan para pensar en los demás, antes que en sí mismo; para valorar lo que se tiene, de tal modo que sepamos agradecerlo y compartirlo. Deseamos al Sr. Juan que Dios le conceda abundantes fiestas de cumpleaños para seguir haciendo el bien. Él regala su cumpleaños a los niños enfermos y esto no quedará sin recompensa...

CICATRICES Y SONRISAS

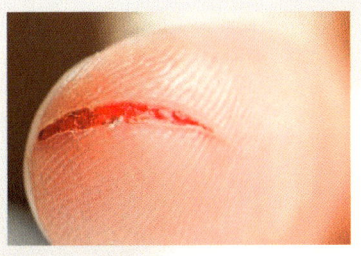 "Le cicatrici sono il segno che è stata dura. Il sorriso è il segno che ce l'ho fatta" (Las cicatrices son el signo de que fue difícil. La sonrisa es el signo de que lo conseguí). Esta frase es una de las favoritas para expresar el fruto del esfuerzo, sobre todo en las disciplinas atléticas, pero también en cualquier ámbito de superación personal. Sabemos que el agonismo deportivo es difícil y que conlleva el riesgo de lesiones y heridas. Sin embargo, también sucede en cualquier trabajo manual, dígase de un albañil martilleando un muro, como de una buena madre de familia cortando zanahorias. ¿Habrá algún ser humano sin una cicatriz en su cuerpo? ¡Muchos las llevan desde que son bebés!.. Ciertamente debemos evitar las heridas, pero, cuando sucedan, procuremos sanarlas y aceptar las cicatrices. El sabio Séneca decía: "Las heridas sanan, las cicatrices quedan". Su mirada iba más allá del aspecto físico, pues, el alma y el corazón heridos sufren y sangran de manera más honda, y llevan consigo el signo de cicatrices. La invitación es para que prevalezca el amor siempre y en cualquier circunstancia, de tal manera que no rasquemos las cicatrices interiores, ni las abramos por el rencor, ni las infectemos con las venganzas… Recordemos: "Las cicatrices son el signo de que fue difícil. La sonrisa es el signo de que lo conseguí". Que Dios nos conceda vivir de tal manera que, si somos eridos culpablemente o no, sepamos aplicar el bálsamo del amor para que la cicatriz nos permita sonreír. El perdón, la misericordia, la bondad siempre sonríen.

HIJO, APRENDE DE MÍ...

El poeta Virgilio pone en boca de Eneas la siguiente sentencia, dirigida a su hijo Ascanio: "Disce, puer, virtutem ex me, verumque laborem, fortu-nam ex aliis" (Aen. 12, 435). Es decir: "Hijo, aprende de mí la virtud y el verdadero trabajo; y de los demás, la fortuna". Los vientos de la memoria, que corren bordeando las montañas de los siglos, nos permiten saber que, generación tras generación, los padres de familia han procurado dar lo mejor de sí a sus hijos. Su herencia principal ha sido siempre el amor, concretado en la gestión de la misma vida, a veces sencilla, a veces sumamente complicada. Por este amor, un padre trabaja, se dona por entero a la familia –dentro de los límites y debilidades humanas- y, principalmente, abriga el objetivo de abrir un futuro para sus hijos, de labrarles un porvenir dichoso. Es aquí donde Virgilio deja que su tinta poética escriba notas de realismo: La "fortuna", entendida en sentido latino como "prosperidad y bienestar", muchas veces no llega a formar parte de la herencia paterna. A los hijos queda, sin embargo, un cofre de consejos y testimonios de vida que los guiarán para construir su propio futuro. El hecho de que los padres procuren ser ejemplo para sus hijos es un válido estímulo y quizás lo que más hondamente les queda.

Es verdad que sería deseable que todos los padres de familia pudiesen dejar en herencia una vida "asegurada" a sus hijos. Ahora bien, no hay fortuna que perdure sin valores y criterios de vida honesta y digna. Demos gracias a Dios por todo bien recibido.

EL ESPEJO DE OESED

Es posible que hayamos visto una película, leído algún libro o bien, que hayamos escuchado comentarios sobre el personaje de Harry Potter. Sin entrar en ninguna valoración general de la obra, detengámonos en un particular interesante: El espejo Oesed, es decir, el espejo que, como Albus Dumbledore explicó al niño, muestra los "más profundos y más desesperados deseos de nuestro corazón". Oesed sería "deseo" al revés. Una inscripción, grabada en la cornisa, indica: "No muestro tu rostro, sino de tu corazón el deseo". Harry frequentó varias noches el espejo para ver el rostro de sus padres; ese era su deseo ardiente, el que más acariciaba su corazón de hijo cariñoso y sometido a prueba. Un espejo etimológicamente es un "instrumento para mirar" (specullum) y su posible invención sobre metales pulidos se aleja hasta la época de los babilonios. El espejo, en su versión moderna, se le atribuye al alemán Justus von Liebig en 1835. La pregunta sería: ¿Qué reflejarían nuestros espejos, si fueran "Oesed"? Es decir,

¿qué anhelo de nuestro corazón quedaría reflejado sobre ese fondo plateado? Aunque la idea de un espejo tal parece genial, conllevaría, según Dumbledore, un serio peligro: "Hombres se han consumido ante él, sin saber si lo que han visto es real o siquiera posible". La curiosidad sería enorme, pero tenemos que aceptar que el espejo "Oesed" no existe en la vida real; dejamos y apreciamos su uso en una obra literaria, pues permite dar forma a los anhelos profundos de los personajes. ¿Qué nos queda? Seguramente algo mejor que ni la más alta literatura ha terminado de explicar: la fe en Jesucristo y el amor que nos une a su persona nos concede el misterioso privilegio de vernos reflejados tal y como somos en Su rostro. Jesús mismo es el espejo de nuestras vidas, de sus secretos y aspiraciones, de sus miserias y grandezas. Todo queda delineado con nitidez en Su presencia; nada falta, nada sobra, sin deformación, sin engaño, en su perfecta autenticidad. El espejo del amor nos permite sonrojarnos, confiar, reír y agradecer.

LA KIPÁ JUDÍA

La señal que más identifica a un judío es, sin duda, la "kipá" que lleva en la cabeza. Su uso está normado para las plegarias en la sinagoga y en torno a la mesa de Shabat, pero durante siglos ha prevalecido la costumbre de llevarla en todo momento. Kipá literalmente significa "cúpula" y, según el Talmud, recuerda al judío que Dios, Autoridad Suprema, "está por encima" de todos. El símbolo religioso de cubrirse la cabeza indica, por tanto, la humilde aceptación de Quien está infinitamente por encima del intelecto humano. Es hermoso saberlo, sobre todo cuando peregrinamos a Tierra Santa y nos ofrecen una kipá para entrar en los recintos judíos, considerados sacros. Una kipá es "una bendición sobre la cabeza". Y, si algo apreciamos los creyentes de todas las religiones, es que Dios nos conceda su bendición para proceder bajo su agrado, en cualquier circunstancia, sea próspera, sea adversa. El estilo de la kipá suele indicar a qué grupo está afiliado: los judíos "yeshiva" usan una kipá negra de terciopelo; los judíos ortodoxos modernos, una kipá de color tejida; y muchos usan un sombrero encima, cuando rezan, para acentuar la conciencia de estar ante el Todopoderoso. Esto nos habla de un sentido fuerte de religiosidad, que respetamos y agradecemos. Nosotros, cristianos por la gracia de Dios, no dejemos de crecer en humildad y sencillez de corazón, como la Virgen Santísima, y de pedir la bendición de Dios en los Sacramentos y por medio de los sacerdotes; recibámosla con fe y reverencia. Hoy, mejor que nunca, expresemos el bello deseo: ¡Que Dios te bendiga!

ERRORES DE ARBITRAJE

Hay fallos de arbitraje en todos los deportes, pero no será esta la ocasión para levantar una polvareda sobre el tema. Más bien, miremos a quien cometió la falta y que, por error, no es penalizado, como acaba de suceder durante un partido de fútbol del campeonato italiano, que enfrentó a los equipos de Nápoles y Carpi. El árbito señaló una segunda amonestación, y, por lo tanto, expulsión, a Raffaele Bianco. Ahora bien, la falta en realidad había sido de Cristian Zaccardo. Hasta ahí el hecho. Es entonces cuando se prueba la honestidad, el espíritu deportivo y el respeto de los jugadores. Para lección de todos, la reacción de Cristian fue inmediata y señaló al árbitro que él había cometido la falta, no Raffaele. Los errores de arbitraje pueden suceder, pero deben ser superados por la honestidad y lealtad de los jugadores. Podemos extender esta situación a cualquier ángulo de nuestra vida. ¿No hay malentendidos, confusiones, errores ingenuos o graves en nuestro trato mutuo? Siempre los ha habido y los habrá. Pero, ¿cómo reaccionamos? Es posible que algunos se regodeen egoístamente de que se atribuyan a los demás sus fechorías, pero ellos llevan su culpa en la piel hasta que pidan perdón. Jesucristo nos enseña a proceder con autenticidad de vida, a ser hijos de la luz, a ser custodios de la verdad, hasta el mismo martirio. El testimonio de Cristian vale una ovación del estadio, así como nosotros esperamos merecer el agrado de Dios y de los demás si somos honestos.

LA VIDA ES UNA MALA NOCHE…

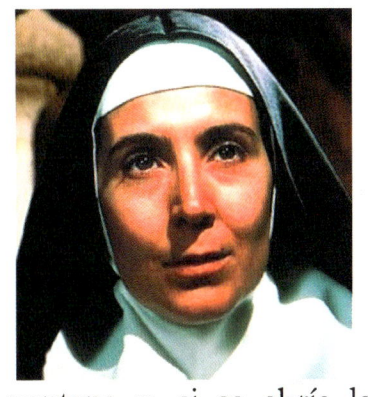

Decía Santa Teresa de Jesús que "la vida es una mala noche en una mala posada". Hay que anotar que las posadas o albergues, en época de la santa, eran bastante penosos. Así describe uno ella misma en su libro de las Fundaciones: "…una camarilla a teja vana; no tenía ventana y, si se abría la puerta, toda se henchía de sol (habéis de mirar que no es como el de Castilla por allá, sino muy más importuno). Hiciéronme echar en una cama, que yo tuviera por mejor echarme en el suelo, porque era de unas partes tan alta y de otras tan baja, que no sabía cómo poder estar, porque parecía de piedras agudas…". A esto había que sumar el ambiente que pululaba entre la gente; nada recomendable para una monja de clausura… Esta manera de comparar la vida podría parecer pesimista, si faltase la dicha y seguridad que inundaba su corazón, enamorado de Cristo y sediento de hacer el mayor bien posible. Digamos que la santa de Ávila sufrió la vida a fondo y que era una mujer práctica y sumamente realista. La vida es dura, pero no cruel; es cuesta arriba, pero apunta hacia una meta dichosa. No podemos prometernos el paraíso aquí abajo, pero sí hacer de cada día un paso que nos acerque más a Dios. Teresa, que pasó tantas "malas noches", nos invita a la serenidad con la certeza que a ella misma consoló: "Nada te turbe, nada te espante. Todo se pasa. Dios no se muda. La paciencia todo lo alcanza. Quien a Dios tiene, nada le falta. Sólo Dios basta".

LA GLORIA PARA DIOS…

 Las Olimpíadas regalan al mundo nuevos héroes. En la pasada edición de Londres 2012, admiramos a Gabby Douglas. A sus 16 años, fue la primera afroamericana en ganar una medalla de oro en la final individual y por equipos de gimnasia artística. Su historia personal es un poema con tintes dramáticos por el abandono de su padre y las dificultades que su madre debió de superar para sacar adelante a cuatro hijos. Gabby es una ferviente cristiana y de ello se hacen eco los medios de comunicación. Fue lapidaria su expresión tras subir al podio del oro: "The glory goes up to Him, and the blessings fall down on me", que podríamos traducir libremente: "La gloria sea para Dios, y para mí, Su bendición". Gabby lee y medita la Biblia con frecuencia; es más, la lleva siempre consigo. En una entrevista dijo: "Siempre oro en todas las competencias; cuando la mano del juez sube, estoy orando, y hay pequeñas Escrituras que me gusta citar. Eso me mantiene motivada. Cuando estoy a punto de ir a la pista de competencia, hago pequeñas oraciones citando versículos de las Escrituras: Todo lo puedo en Cristo que me fortalece, mira que te mando que te esfuerces y seas valiente… Todo eso me motiva". No hay nada que añadir, sino agradecer su testimonio, y desearle lo mejor para las Olimpíadas de Río.

https://www.youtube.com/watch?v=xX23iuXswgI

IRON BOY SALVA SIDNEY

Poder realizar un sueño es una de las victorias más grandes que saboreamos en la vida. Pero, ¿y si el sueño es convertirse en el héroe favorito? Domenic Pace, un niño de Australia que padece fibrosis quística, recibió el apoyo de la fundación Make-A-Wish para ser "Iron Boy" y salvar la capital australiana del malvado Ultron. El Departamento de Policía y cientos de voluntarios realizaron un escenario digno de aplausos, pero, sobre todo, concedieron a Domenic una experiencia digna de recordar. Los comentarios sobre este "montaje" han sido positivos y apuntan a valorar que el niño es ya un héroe. Así lo creemos, pues, sobrellevar una enfermedad con serenidad y paciencia, con fe y alegría, es un heroísmo que deja una huella honda. No se trata sino del amor que, probado por el dolor, supera toda ficción imaginable. Demos gracias a Dios por los héroes y las heroínas que nos concede entre las paredes de nuestros hogares. Así como un sencillo traje de "Iron Boy" vestía a un niño héroe, diversas circunstancias, en cada ángulo del planeta, abrigan la grandeza de personas que entrelazan su enfermedad con la luz del día y el silencio de la noche. Que Dios nos bendiga para que abramos nuestro corazón a Su amor, que purificándonos nos embellece y probándonos nos fortalece. ¡Nuestros mejores deseos para Domenic y para nuestros héroes en familia!

https://www.youtube.com/watch?v=-VUvbLtdrac&feature=youtu.be

UN PAR DE MÁGICAS PRINCESAS

El cantante cristiano Jesús Adrián Romero describe en una de sus canciones el amor de un padre hacia sus hijas: "Tengo dos excusas en mi mente para recordar mi vida y a mi casa regresar, son un par de mágicas princesas, con pijamas y con trenzas, que juegan a ser mamá. Ya se han dado cuenta que soy débil, y con sólo una sonrisa pueden todo conseguir. De mi corazón se han vuelto dueñas y me alegran la existencia con sólo en ellas pensar. Entre gimnasia y la tarea van creciendo muy de prisa. Las quisiera detener, pero un día se irán de casa y en sus cosas llevarán un pedazo de mi vida que jamás regresará. Mientras tanto quiero darles tantas cosas, quiero darles tanto amor, tanta atención, y enseñarles cada día su importancia y su valor. Quiero cuidarles el corazón. Son como un jardín en primavera, que se viste cada día de belleza y esplendor. Son como palomas mensajeras que el Señor mandó del cielo para hablarme de su amor..." El vídeo del canto es emotivo, pues muestra a las dos niñas, a las dos mágicas princesas, hijas de Jesús Adrián, que sonríen y lloran. El texto, con tintes poéticos, nos introduce amablemente en el álbum de recuerdos familiares; nos coloca como príncipes o princesas ante el amor de nuestro propio padre –y de nuestra madre-. A la canción no le sobra una sola línea y, más bien, cada quien podría añadir experiencias muy personales que nos han vinculado para siempre con las personas más queridas de nuestra vida, con nuestro papá, con nuestra mamá. ¿Qué no diríamos de las fiestas en familia, de esas tardes de paseo por el campo, de las aventuras en su lugar de trabajo, de sus correcciones que mezclaban gotas de enojo con océanos de cariño, de los cuidados durante la enfermedad, de la impresión que nos dejó su llanto en los lutos, de las oraciones rezadas juntos al abrigo de una iglesia o al pie de la propia cama, de su mirada repleta de sano orgullo por nuestro rendimiento escolar, de su respeto ante nuestra ingenuidad, de su pensamiento continuo sobre nosotros, a pesar de nuestro olvido, de sus ánimos para que corriéramos más de prisa hacia un porvenir que quizás no llegaría a compartir…? Es quizás esta intensidad de amor la que provoca en el corazón de los padres un velado dolor por el paso del tiempo. Los hijos crecen y, como a los aguiluchos, se les agiganta el ímpetu de surcar los horizontes en vuelo propio y de superar las alturas que han conocido. Al primer nido, al que nos acogió para estrenar el don la vida, le llega el momento para convertirse en trampolín de lanzamiento. Así la vida y toda ella nos llena en lo más hondo del ser; la volveríamos a iniciar mil veces, para aumentar los gozos, para enmendar los errores, pero sería siempre la misma vida, la propia vida.

Princesas mágicas:
https://www.youtube.com/watch?v=rDNv9LjnfFw

I LOVE YOU

 No pudieron vestir traje de novios en el día de su boda. ¿Por qué no lucirlo ahora, que celebran el 67 aniversario matrimonial? Su amor ha sido fiel y perseverante. Así lo confirmaron ante los medios de comunicación: han tenido altibajos, pero que jamás han pensado en el divorcio. Esta pareja son Qiao Dewei, de 84 años, y Liu Shixiu, de 83. Ésta lamentablemente no goza de buena salud y está en silla de ruedas. Viven en la ciudad de Hangzhou. El señor Qiao quiso dar una sorpresa romática a Liu y, hechos todos los arreglos, proyectó sobre la fachada de un rascacielos la frase que unió sus vidas: "Te amo". Ha sido un detalle de cariño que engrandece cada año que han vivido juntos. A nosotros queda sólo la posibilidad de echar a volar la imaginación para recrear de alguna manera su historia de amor. Quizás nos ayude recordar el diálogo cantado de Tevye y Goyde, protagonistas de "El violinista en el tejado". Ellos celebraban el 25 aniversario. Tevye pregunta a Goyde: "¿Tú me amas?" Ella responde: "Durante 25 años he lavado tu ropa, cocinado para ti, limpiado tu casa, te he dado hijos, ordeñado tu vaca. Después de 25 años, ¿por qué hablar ahora de amor?... He vivido con él 25 años, he luchado con él, pasado hambre con él. 25 años, mi cama es suya, si eso no es amor, ¿qué es?" El canto concluye uniendo sus voces: "No cambia nada… pero incluso así, después de 25 años es agradable saberlo". Justo es lo que Qiao ha querido mostrar a Liu: que sepa cuánto la ama. Éste es un matrimonio feliz.

JAMÁS RENDIRNOS

 Hay frases célebres que vienen como anillo al dedo. Incluso se aplican de igual manera en condiciones de vida totalmente diversas. Así sucede a varios atletas de gimnasia artística, que se motivan durante sus duros entrenamientos recordando una sentencia, de tintes autobiográficos, dicha por Nelson Mandela: "A winner is a dreamer who never gives up" (Un ganador es un soñador que jamás se rinde). Lo entendemos fácilmente cuando un "ganador" nos muestra el álbum de sus recuerdos y acaricia su época de "soñador", cuando iniciaba y sólo tenía frente a sí un montón de trabajo, dificultades e incertidumbres, pero, sobre todo, mucha, muchísima ilusión en poder conseguir su proyecto. En este sentido los cazadores de biografías se regodean recreando el tiempo en que los artistas, futbolistas, políticos, empresarios, etc., no eran sino "soñadores"; en que no eran sino uno más, nadie les pedía firmas ni fotos, y se pasaba junto a ellos sin mirarlos. La experiencia y el esfuerzo hacen madurar los frutos de la vida. Para lograr la mejor versión de nuestras personas, hemos de ser tenaces y no rendirnos nunca. Considerando nuestra vocación cristiana, tiene razón san Juan Bosco al recordarnos que no podemos ser santos en un día. También los santos fueron "soñadores" que nunca se rindieron y esto nos motiva a los que todavía estamos en camino, quizás muy lejos de lograrlo. ¡Cada día un paso, una nueva ilusión, una pequeña victoria!

LA NARRACIÓN DE NUESTRA VIDA

Nos estimula conocer personas que viven en plenitud cada minuto de sus días. Parecen relojes suizos cumpliendo sus agendas y, sin embargo, nadie mejor que ellas son disponibles para cualquier eventualidad. Sus descansos son claramente una pausa para recomenzar con mayor brío. El "no tengo nada que hacer" les suena a herejía, pues brilla ante sus ojos el destino eterno de sus vidas y, por consiguiente, no se permiten la omisión de huecos irresponsables en el aprovechamiento del tiempo, y no de manera alocada, sino sobre un binario bien madurado y definido. En este sentido, Séneca nos recuerda que "la vida es como una leyenda: no importa que sea larga, sino que esté bien narrada". Es verdad, porque la cantidad no equivale a la calidad; tanto menos si hablamos de nuestra forma de vivir. Ojalá que el "relato" o la "leyenda" de nuestra vida sea dignamente narrada, al menos en alguna buena parte, pues, ¿qué vida no tiene sus errores leves y grietas hondas? La buena narración de la vida no significa -¡ojalá pudiese ser así!- recrear un perfil angelical. Somos hombres y nos pesa el barro; dejamos manchas al caminar. La narración que a Dios gusta es que su gracia santificante se mezcle con ese barro humilde de nuestra humanidad. A una persona de este talante se le atribuye la siguiente sentencia "Consummatus in brevi explevit tempora multa" (Sab 4,13) (consumado en breve, llenó mucho tiempo). Séneca diría que la leyenda de su vida fue bien narrada, aunque haya sido breve...

QUIERO HACER ALGO BUENO POR TI

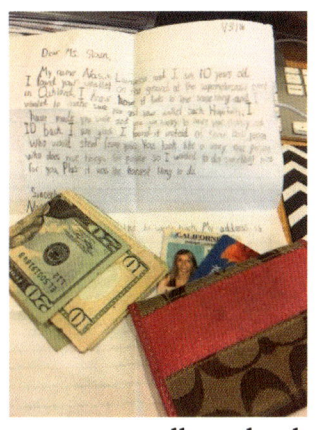

Tylor Sloan se dio cuenta de que había perdido su cartera. No tenía mucho dinero; sólo unos 30 ó 40 dólares. Pero allí estaban sus documentos personales y una tarjeta de crédito. Todos sabemos lo que es perder algo. ¿Verdad que resulta incómodo? Lo interesante fue que esa incomodidad duró a Tylor únicamente el tiempo que tardó el correo en llevarle la cartera junto con una carta. Lo supimos porque la chica ha querido compartir la noticia para valorar la belleza de la honradez: "Me llamo Nasim Lawrence y tengo 10 años. Hallé tu cartera en el suelo en el evento de Motocross en Oakland. Sé lo que se siente perder algo y quería asegurarmente de que tuvieras tu cartera de vuelta. Espero haberte sacado una sonrisa y que estés muy feliz de tener tu dinero e identificación de regreso. Estoy feliz de que yo la encontré en lugar de que una mala persona la robara... Te ves como una persona agradable que haces cosas buenas por otros, así que yo quería hacer algo bueno por ti". Hasta aquí el hecho y la carta. Poco que comentar y mucho que aprender. Brillan la honradez, la bondad, la ternura, la gratitud, pero quizás la frase final de la carta se vuelve, además, en invitación y compromiso: "Yo quería hacer algo bueno por ti". Nasim, en efecto, nos muestra que debemos decidirnos a hacer el bien, que debemos pasar de los meros deseos a una realización concreta. Nuestra voluntad debe ser fuerte para sembrar nuestros días de acciones buenas, que ganen sonrisas como la que Nasim encendió en el rostro de Tylor.

MIRAR UN TIGRE A LOS OJOS

Una lluvia tropical de propaganda nos cae cada vez que salimos de casa. En ocasiones es vital cubrirse bien para no ser nisiquiera salpicados por ciertos mensajes e imágenes que dañan la dignidad humana y nuestra alma cristiana. Pero bien, también se ven y leen cosas interesantes. En estos días se promueve la visita a un parque de Bérgamo (Italia) y sus cartelones muestran la imagen de un tigre y de un niño con la siguiente invitación: "Mirar un tigre a los ojos vale más que mil documentales". No podemos negarlo, al contrario, la experiencia de primera mano supera los relatos de los demás; es más, les concede un soporte precioso sobre el cual encuentra su lugar cualquier dato añadido. ¿Hemos visto un tigre a los ojos? Es aleccionadora la explicación de esta promoción del parque bergamasco: "Cuando miras un tigre a los ojos se te hiela la sangre en las venas, porque, no obstante haya una barrera que lo separa, puedes percibir en su mirada un deseo irrefrenable de despedazarte. Te sientes un filete de carne en en banco del supermercado. Sólo si te encuentras de frente puedes comprender lo que se siente, no te lo puede contar un amigo y mucho menos un documental de televisión". Ojalá muchas personas puedan visitar el parque, porque da la impresión de que cada vez es más difícil ver un animal exótico en nuestras ciudades. Aunque se puede leer en forma polémica, alguno también ha escrito que esos tigres miran y visitan nuestra jungla metropolitana... Que cada quien saque su conclusión. Los que estamos lejos de Bérgamo podemos tomar nota del mensaje publicitario y aplicarlo con fruto para nuestro provecho espiritual. ¿Qué le podemos contar a quien nunca ha visto con amor a Jesucristo? Pidamos al Espíritu Santo que coloque las palabras justas en nuestros labios y, sobre todo, que nos permita testimoniarlo hasta el grado que suscite el deseo de hacer la misma experiencia. El evangelista Juan narra el testimonio que la Samaritana dio de su encuentro con Jesús a los habitantes de su aldea. Les sacudió el alma y estas personas fueron a buscar a Jesús. Al regresar confesaron: "Ya no creemos por tus palabras; que nosotros mismos hemos oído y sabemos que éste es verdaderamente el Salvador del mundo" (Jn 4,42). Es verdad, la propia experiencia de este mundo material y del mundo sobrenatural no se sustituye con nada. ¿Alguien te ha predicado sobre el amor de Dios, sobre la amistad con Jesucristo, sobre el cariño de la Virgen Santísima...? Ojalá que también te hayas puesto en camino para experimentarlo.

CIUDADANOS VIRTUOSOS

 En los últimos años se han multiplicado los disturbios sociales y sobre nuestras ciudades flota una nube gris de temor e inseguridad. Las causas son múltiples y confiamos que los gobernantes y los responsables del orden sepan remediar los problemas. Ahora bien, nos ayudará reflexionar en una sentencia de Santo Tomás de Aquino, que, como siempre, va a fondo en las cuestiones. Dice: "Es imposible que el bien común de la ciudad ande bien si los ciudadanos no son virtuosos" (Impossibile est quod bonum commune civitatis bene se habeat, nisi cives sint virtuosi - Summa Theol., I-II, Q. 92-1). Es decir, todos somos responsables de las situaciones que vivimos, si bien, en grado diverso. Lo que debería de unirnos como ciudadanos es la virtud (honestidad, generosidad, prudencia, etc.) en la búsqueda del bien común. El pequeño espacio en que nos movemos dentro de una ciudad o pueblo es nuestro mundo y en él dejamos las huellas de nuestra riqueza o pobreza en virtud. Si, además, valoramos la dicha de ser cristianos, nos viene al corazón la bella expresión paulina: "Nosotros somos ciudadanos del cielo, de donde esperamos como Salvador al Señor Jesucristo" (Fil. 3,20). ¡Dejemos, pues, un pedacito de cielo en nuestra casa, en nuestra calle y barrio, en la ciudad en que vivimos! Y ese cielo es el Amor con mayúscula.

EL JARDÍN DE MUSGO ROSA

Toshiyuki Kurogi y Yasuko Kuroki se casaron felizmente hace 60 años. No sabemos su historia, pero hoy nos sorprende una noticia que supera al "botón de muestra" para darnos cuenta del amor que se profesan. Hace más de 30 años la Sra. Kuroki perdió la vista y ella, sumergida en su pena, se recluyó dentro de las cuatro paredes de casa, saliendo sólo lo imprescindible. Entonces, el Sr. Toshiyuki recordó que los vecinos admiraban las flores de Musgo Rosa (Shibazakura) y tuvo la brillante idea de plantar muchas más, en torno a su hogar, para que un mayor número de personas vinieran a admirarlas. Y es así que, en su floración, son más de 7.000 los turistas que llegan para admirar el espectáculo. Muchos de ellos se sientan a conversar con la Sra. Kuroki y al escuchar de sus labios cómo surgió el jardín, comprenden que esas bellas flores y que ese perfume impregando al viento, simbolizan el amor matrimonial entre los dos ancianos. En este caso se ha tratado de cultivar flores, en otros, será de la huerta o bien de cocinar el platillo favorito, de mirar una y otra vez los álbumes familiares o de caminar juntos al caer de la tarde. Un amor persevante es siempre fresco, ingenioso y sencillo. Todo le sirve para expresarse.

LA HISTORIA DE "LOS DOS AMIGOS"

Antes de que la mano de los Ayuntamientos y del Estado intervinieran para escribir el nombre de las calles, a partir del siglo XIX, eran los vecinos quienes ejercían el privilegio de "bautizarlas". Elegían nombres que fueran significativos para la zona: Calle de la Panadería, Calle del Doctor, Calle de la Iglesia, etc. Un camino interesante para los amantes de la historia sería redescubrir el rostro de la sociedad, escondido detrás de los callejeros, pues cada nombre es un cofre de historia. Valga como ejemplo el relato sobre una calle de Madrid dedicada a "Los dos amigos". Se trataba de los niños, Gabino y Guillén, unidos por el sufrimiento de la orfandad desde temprana edad. Para sobrevivir se ganaban el sustento colaborando con unos criados en el cultivo de un pedazo de tierra que habían recibido en herencia. Para su desgracia se desencadenó la furia de una tormenta que acabó con su huerta y derrumbó los árboles. Dios fue su valedor y les tendió la mano por medio del capellán de la iglesia de los niños mártires, Justo y Pastor, quien los acogió en el Colegio de la Doctrina, germen del célebre "Colegio de huérfanos de San Ildefonso". La amistad de los niños se robusteció en esa prueba, pero, lamentablemente Gabino murió al poco tiempo. Un nube de tristeza y melancolía envolvió a Guillén, que se refugiaba en la iglesia de San Justo y San Pastor buscando consuelo. Rezaba sin cesar por el eterno descanso de su amigo Gabino y la Divina Providencia, en sus misterios insondables, quiso también llamarlo a su presencia. La gente dijo, entonces, que Guillén "había muerto de melancolía". El sacerdote, que había sido su amparo, heredó las tierras, a las que llamó "Dos Amigos" para perpetuar la memoria de los niños Gabino y Guillén. La naciente Madrid de entonces creció y se urbanizó con el pasar de los siglos. Hoy es una joya, una de las más bellas capitales de Europa, y con orgullo conserva la calle de "Los dos amigos" a pocos pasos de la emblemática Plaza de España. Si tenemos la ocasión de pasar por allá, recordemos a Gabino y a Guillén; valoremos la amistad limpia y fiel; elevemos una oración a Dios para que nuestros nombres estén escritos en algunca callecita del cielo.

EL TESORO Y LAS POLILLAS

¿Quién, siendo niño, no jugó alguna vez al "escondite"? En esos años felices, éramos nosotros mismos ese "tesoro oculto" que retaba a los compañeros para que lo buscaran. Pero, una vez que dimos el salto a la adolescencia, de ahí en adelante el "juego" se volvió serio. Ya no fuimos nosotros, fieles a la etimología de "esconder", los que "nos retirábamos lejos o perdíamos de vista" (a no se que se quiera aplicar a quienes debilitan sus vínculos familiares y de amistad perdiéndose en la nada por un tiempo). Más bien, lo que "escondemos" es algo material, estimado por su valor, sobre todo afectivo, y que deseamos conservar a buen reparo. Pero, cuando se trata de dinero, el "escondite" se llama banco. A este respecto, supimos que Qi Shengli, un señor de 60 años, no se sintió con la confianza de depositar en el banco los ahorros de su trabajo agrícola. Hablamos de 2.000 yuanes (unos US$3 mil) y optó por cavar un hoyo en el piso de su dormitorio y ocultar el dinero en dos bolsas de plástico, cubiertas por un ladrillo. ¡Qué sorpresa se llevó al desenterrarlo un tiempo después! Para su desgracia descubrió que las termitas habían devorado la mayoría de los billetes. ¡Un platillo muy caro, de lujo! El señor Qi estaba resignado, pero un artista le salió al paso ofreciéndole recuperar los tres mil dólares a cambio de los billetes carcomidos. Pretendía así realizar un "monumento" sobre los riesgos de ocultar dinero bajo tierra, sin seguridad. Ojalá le quedé bien, pues nos ayudará, como cristianos, a visualizar la admonición que nos da Jesucristo y que recogen estos versículos del Evangelio de Mateo: "No os amontonéis tesoros en la tierra, donde hay polilla y herrumbre que corroen, y ladrones que socavan y roban. Amontonaos más bien tesoros en el cielo, donde no hay polilla ni herrumbre que corroan, ni ladrones que socaven y roben. Porque donde esté tu tesoro, allí estará también tu corazón" (Mt 6, 19-21). ¡Qué hermoso deducir que todo tesoro "escondido" en el cielo se conserva siempre intacto! Ocupémenos en amontar joyas en el banco de Jesús... Nuestro corazón vivirá en el cielo.

BICI VENCE A UNA FERRARI

 Es insaciable el anhelo de "más" que llevamos en cada poro de nuestro cuerpo, así como en los anhelos finísimos de nuestro espíritu. Hace unos meses aconteció una competición que puso sobre la pista una idea simple junto a un proyecto genial. ¿Podría una bicicleta, impulsada por unos reactores, superar el impulso de arranque de una Ferrari 430 Scuderia? Las imágenes abren las compuertas de la adrenalina. ¡La bicicleta se convierte en un proyectil que se desplaza a 333 km/h! Es decir, en ese trayecto de asfalto, la bici es "más veloz" que el auto deportivo. ¡Ganaron las dos ruedas! Curiosamente se podría pensar en el gigante Goliat nuevamente superado por un frágil David, si bien, en vez de una honda, cuenta esta vez con tres propulsores. El intrépido ciclista es François Gissy y le aplaudimos, si bien no será recomendable imitarlo, y menos sobre calles salpicadas de baches… Ese "más" de velocidad, podríamos traducirlo en "más" de esfuerzo, "más" de ilusión y "más" de confianza, que son propulsores potentes y muy necesarios para correr sobre las pistas de nuestro día a día. Sabemos que la rutina y el desaliento nos acechan siempre y que soplan hasta apagar la llama de la superación; sabemos que la oración puede llegar a ser rutinaria y que la fe languidece si no viene continuamente suplicada a Dios y correspondida. ¿No es, entonces, el momento de ponernos los propulsores? Busquemos el "más" y Dios nos concederá el impulso que necesitamos.

https://www.youtube.com/watch?v=WREyAicJXkM&feature=youtu.be

DORMIR EN BRAZOS DEL PADRE

El Papa Francisco confiesa que no ha logrado aún entender por qué "sufren los niños" y que si pudiera hacer un milagro "curaría a todos". Sin duda que ese don sería la respuesta a las oraciones y lágrimas, especialmente maternales, que corren por los pasillos de los hospitales infantiles. Pero, el misterio de nuestra fragilidad nos acompañará siempre, desde nuestra concepción hasta el último respiro. El sufrimiento está tan pegado a nuestra piel que no poder sufrir sería como dejar de ser humanos. En fechas recientes el Dr. Rogério Brandão, un oncólogo brasileño, compartió un diálogo que sostuvo con una niña con cáncer terminal. Cuenta que un día le preguntó por su madre y que la pequeña le contestó: "A veces mi madre sale del cuarto para llorar a escondidas en el pasillo... Cuando yo muera, creo que ella va a sentir mucha nostalgia. Pero, yo no tengo miedo a morir. ¡Yo no nací para esta vida!" El doctor prosiguió: "¿Y qué es la muerte para ti?". La respuesta que escuchó vale una cátedra: "Mira, cuando la gente es pequeña, a veces nos vamos a dormir a la cama de nuestro padre y, al día siguiente, nos despertamos en nuestra propia cama, ¿a que sí? Un día yo me dormiré y mi Padre vendrá a buscarme. Me despertaré en la casa de Él, ¡en mi verdadera vida! Mi madre me recordará con nostalgia". El doctor le preguntó: "¿Y qué significa la nostalgia para ti?". Entonces, escuchó otra respuesta que se le clavaría en el alma. "¡La nostalgia es el amor que permanece!". Poco después, la pequeña –usando su imagen- se durmió y fue llevada en brazos de su Padre al cielo.

LOS TRES FILTROS DE SÓCRATES

Alguien ha dicho que sería equivocado "hablar bien de Batman al Joker". Quizás esta imagen pueda ilustrar hasta qué punto se vician ciertas relaciones. El pensar mal y el querer mal llegan a ocultar la llama del bien que toda persona lleva encendida dentro de sí. Un aspecto concreto del trato con los demás son las referencias o comentarios que damos unos de otros. ¿Cuántas veces, desde niños, no hemos escuchado al oído críticas o "lo que se dice" de las personas? Nos ayudará recordar una anécdota ocurrida a Sócrates. Él mismo refiere que un discípulo suyo llegó a su casa para darle una noticia: "¡Maestro! Quiero contarte cómo un amigo tuyo estuvo hablando de ti con malevolencia" El sabio lo interrumpió: "¡Espera! ¿Ya hiciste pasar a través de los Tres Filtros lo que me vas a decir? "¿Los Tres Filtros –preguntó el discípulo-" "¡Sí! El primer filtro es la verdad. ¿Ya examinaste cuidadosamente si lo que me quieres decir es verdadero en todos sus puntos?" El joven se detuvo a reflexionar: "No, de hecho. Se trata sólo de lo que oí decir a unos vecinos". Sócrates prosiguió: "Pero al menos lo habrás hecho pasar por el segundo Filtro, que es la bondad. ¿Lo que me quieres decir es por lo menos bueno?" El chico respondió: "No, en realidad no, al contrario". "¡Ah! –interrumpió Sócrates-. Entonces vamos al último Filtro. ¿Es necesario o útil que me cuentes eso?" El joven dijo: "Para ser sincero, no. Necesario no es". "Entonces, -sonrió el sabio-, si no es verdadero, ni bueno, ni necesario, sepultémoslo en el olvido". Es curioso pensar en esta enseñanza socrática, teniendo en cuenta la minuciosa atención que damos al uso de múltiples accesorios para filtrar el agua, el aire, la luz, el ruido, las comunicaciones electrónicas, etc. ¿No sería también oportuno que dispusiésemos de "filtros" para lo que escuchamos y decimos de nuestros semejantes? Nadie se lleva a la boca un pedazo de pastel encontrado en medio de la calle y, sin embargo, solemos aceptar las dicherías y chismes, o las abiertas críticas que se oyen de vecinos y de personas que ni siquiera conocemos. A veces basta una referencia periodística –por lo general tendenciosa- para etiquetar a una persona por el resto de sus días. La próxima vez que alguien nos llegue al oído con algo que contarnos de una persona –que por lo general nunca está presente, ni puede defenderse- apliquemos los filtros de Sócrates. Tal vez nuestra conclusión llegue a ser la misma: "Entonces, si no es verdadero, ni bueno, ni necesario, sepultémoslo en el olvido". A Dios gustará que hablemos y pensemos bien de todos sus hijos.

BAILANDO CON LA ABUELITA

Agrada saber que un gesto de cariño se ha vuelto viral en las redes sociales. El joven Jarryd Stoneman desde hace un año cuida de su abuelita, Katie Thomas, de 93 años, enferma de Alzahimer. Lo hace para que su mamá no pierda el trabajo. Y sucedió lo siguiente, en palabras de Jarryd: "Cada mañana le doy los buenos días y le pongo la radio. Pero esa mañana le pedí un baile y simplemente se me ocurrió grabarlo". El resultado fue la grande felicidad de la abuelita y del nieto, y el aprecio de más de 12 millones de personas que han visto la grabación, compartida 40.000 veces. Ha gustado ver el cariño de un acto simple, feliz, espontáneo, al alcance de todos. Se trata de unos pocos minutos de baile que recogen el perfume de una vida enamorada, y que simboliza la fuerza tremenda del amor que parece desbordarse cuando el ser humano es más débil. La delicada fragilidad de la Sra. Katie entre los brazos vigorosos de su nieto Jarryd da un toque mágico al baile y lo transforma en un homenaje al amor familiar. Es como cuadro renacentista que resalta la belleza y la virtud de los protagonistas. Sin duda que este gesto de cariño encuentra otras versiones en nuestros hogares y agradecemos que nos invite a valorarlos mejor. A veces se trata de una caricia, de peinar su cabello, de dar unos pasos por el jardín… Los abuelitos necesitan del amor presente de sus hijos y nietos; si les faltase sería como arrebatar el color a su vida. "Solo creo que más gente debería aprovechar la oportunidad de estar con sus abuelos mientras puedan", concluyó Jarryd.
J.S: https://www.youtube.com/watch?v=fxD2p99Cng0

EL CORAZÓN DE NUESTRO HIJO

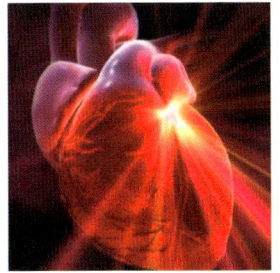 Mindy Seay ha publicado una carta de gratitud para la madre del donante del corazón que ha salvado a su hijo Lincoln, un bebé de siete meses. "Quiero que sepa que siempre tendré el máximo respeto por el regalo… Atesoraré ese corazón más que cualquier otro regalo. Cuidaré ese regalo lo mejor que pueda y siempre daré mi admiración y respeto al niño y a la familia de la que viene. Puede que nunca conozca su nombre, pero le conoceré en lo profundo de mi alma… Su hijo y el mío estarán siempre entrelazados pues el corazón que creció en su vientre ahora bombea la sangre a través del cuerpo de mi hijo. Se han fusionado en un camino, y su pequeño vivirá para siempre en el mío. Cuando mi hijo sangre, pensaré en usted. Cuando vende su rodilla raspada, pensaré en usted. Cuando oiga los latidos de su corazón, la recordaré. Cuando cierre sus ojos mientras duerma, recordaré a su hermoso hijo. Diré oraciones de gratitud y bendiciones para su familia, con frecuencia. Atesoraré el regalo que nos han dado. Lo prometo". Admiramos la sinceridad de estas líneas que tienden un puente fuertemente emocional entre dos madres. Una, que ha perdido a su hijo y que generosamente dona sus órganos y otra, que recibe este beneficio como un milagro que llega como tabla de salvación para su hijo. Es cierto, quizás nunca se conozcan, pues se trata de una exigencia legal basada en motivos de prudencia afectiva y psicológica, ahora bien, la gratitud es reacia a ser aprisionada entre las normas y encuentra siempre la manera para decir un simple "gracias" que huele a vida y eternidad.

REFLEJOS ÁGILES

 Saboreamos una gotita de halago dulce cuando alguien nos dice: "¡Qué buenos reflejos tienes!". Éstos se entienden como una capacidad de reacción rápida y eficaz ante un hecho imprevisto. En la foto vemos un ejemplo reciente: Durante un juego de béisbol –en la pretemporada de los Piratas de Pittsburg-, un bate salió por los aires y cayó entre el público. Gracias a los "reflejos" de una persona, un niño se libró de ser golpeado directamente en su rostro. Analizando la imagen, llama la atención esa reacción instintiva de la gente para evitar el peligro: se cubren el rostro, se echan a un lado, se inclinan para protegerse detrás de la malla, etc. El contraste central es el brazo extendido que se interpone entre el bate y el niño. Se trata, si pudiésemos llamarlo así, de un reflejo diverso que busca no protegerse sino proteger; no evitar el peligro sino afrontarlo en la propia piel para salvar la del prójimo. Ciertamente en estas situaciones prevalece mucho una reacción inmediata que apenas deja espacio para pensar y reflexionar… Los reflejos, como capacidad, dan ese "algo más" que se adelanta a lo imprevisto y, como vemos, puede ser de grande provecho. Dios nos conceda este tipo de reflejos y, sobre todo, aquellos que nos permitan reaccionar con fe, esperanza y amor ante los golpes sorpresivos de la vida y ante los tropezones de nuestra flaqueza humana. ¡Reaccionar a ojos cerrados para la salvación eterna de los demás y de la propia! Y bien, sin duda que el niño estará más atento al bate en los próximos partidos…

PÁNICO PELUDO

¿Habían escuchado hablar del "panicum effusum", es decir, del "pánico peludo"? Se trata de un fenómeno del todo especial que se da en Australia, cuando aprieta la estación de la sequía. Este "pánico" es una hierba nativa que crece desmesuradamente, de un día para otro, invadiendo las poblaciones. La gente debe cortarla para no terminar sumergida, si bien, apenas lo consigue. Para fortuna de los habitantes, esta planta no presenta un peligro de incendios, ni es dañina para la salud del hombre, ni de los animales domésticos, aunque sí para el ganado ovino. Reconozcamos que no debe ser nada agradable verse invadido por este tipo de paja entrelazada, suave y ligera, pero aplastante como una pesadilla. Es un tipo de plaga y, como tal, requiere paciencia y método para erradicarla. Este "panicum effusum" nos sirva de imagen para las múltiples invasiones que atentan contra la limpieza y serenidad de nuestro interior, de ese recinto sagrado en que nuestra alma se encuentra con Dios en la oración. De un día para otro, podemos vernos invadidos por distracciones externas, que hoy llueven a raudales por cada red social, o por aquellas internas que se llaman disipación, dispersión o ligereza de mente. Sorprende la rapidez con la que se multiplican las distracciones cuando hay "sequedad", es decir, cuando dejamos de beber del manantial de la oración serena y profunda. Mantengamos al "pánico peludo" lo más alejado posible y podémoslo desde sus primeros brotes. Es una batalla de rapidez…

https://www.youtube.com/watch?v=_f2YU2HhW6M

HOW TIMES HAVE CHANGED

"How times have changed" (cómo han cambiado los tiempos). Así tituló Arnold Schwarzenegger la foto que se tomó vestido de mendigo y durmiendo al pie de su propia estatua en Ohio. El conocido actor, ex gobernador de California, y siete veces ganador del título Mr. Olympia no dio explicación de esta imagen publicada en Instagram. Si su intención era encender en nosotros la mecha de una reflexión personal, nos ha dejado una buena tarea: ¿El rostro del hombre detrás de la fama? ¿La herencia que dejamos a nuestro paso por la vida? ¿El dinero y los honores dan sentido a una existencia? ¿Un fuerte abrazo y solidaridad con las personas necesitadas? ¿El merecido descanso después de la misión cumplida? En fin, cada reflexión tomará un color diverso según el ángulo de vista. En este sentido las cuatro palabras de Arnold nos abren un camino: "How times have changed". En efecto, nos damos cuenta que el rostro de la sociedad cambia de la noche a la mañana, que cada generación imprime su huella en las costumbres, que la opinión pública y las corrientes de la moda tienen el poder de sustituir las estatuas de sus héroes; unos suben y otros van a la bodega. Y bien, que las reflexiones continúen y que a todos nos bendiga el buen Padre del cielo que hace salir su sol sobre buenos y malos y hace llover sobre justos e injustos (Cfr. Mt 5,45).

¡FELIZ 112 CUMPLEAÑOS!

Pocos reciben un record Guinness como regalo de cumpleaños. El sonriente festejado se llama Israel Krystal y se le ha otorgado el reconocimiento como el hombre más viejo del planeta: 112 años y 178 días, al momento de recibir su certificado. Nació en Polonia el 15 de septiembre de 1903 y actualmente vive en Haifa (Israel), rodeado por el cariño de su numerosa descendencia. Es sobreviviente de las dos guerras mundiales y, sobre todo, del campo de concentración de Auschwitz. Se cuenta que al ser liberado por los aliados pesaba sólo 37 kilos. No hay palabras para agradecer a Dios por el don de un solo segundo de vida, ¡cuánto más por un siglo de existencia! Viene a la mente el salmo 71: "Tú eres, Señor, mi esperanza, mi apoyo desde mi juventud…No me abandones en el tiempo de la vejez, cuando declinan mis fuerzas… Llegada la vejez y las canas, oh Dios, no me abandones, y yo proclamaré tu grandeza, tus acciones a todas las generaciones". Los ancianos son expertos de vida y fe; son las personas más nobles en la comprensión del mundo y de los hombres; son, en su debilidad física, los testigos más elocuentes de la esperanza en el más allá. Brindemos a los ancianos el máximo respeto, atención y gratitud. Su sola presencia es una bendición. Deseamos al Sr. Israel Krystal que cada amanecer le regale una oración, una esperanza y el abrazo cordial de su familia.

EL MEJOR TESTIGO

El poeta y dramaturgo José Zorrilla recogió en su obra "A buen juez, mejor testigo" (1838), la leyenda más popular del "Cristo de la Vega". Ésta narra el juramento de amor que pronunció Diego Martínez ante el Cristo de casarse con Inés de Vargas a su regreso de la guerra en Flandes. Sin embargo, la promesa cayó en saco roto, pues Diego, convertido en capitán, renegó de la bella Inés y de su juramento. Zorrilla expresa la causa en una frase atinada: "¡Tanto mudan a los hombres fortuna, poder y tiempo!". Inés acudió al gobernador de Toledo, don Pedro Ruiz de Alarcón, y pidió justicia. El único testigo del juramento era el Cristo de la Vega y el notario lo interrogó: "Jesús, Hijo de María, ante nos esta mañana citado como testigo por boca de Inés de Vargas, ¿juráis ser cierto que un día a vuestras divinas plantas juró a Inés Diego Martínez por su mujer desposarla?". La pluma del poeta, entonces, cuenta que "asida a un brazo desnudo una mano atarazada vino a posar en los autos la seca y hendida palma, y allá en los aires «¡Sí juro!», clamó una voz más que humana". ¡Hermosa leyenda que nos coloca ante el Cristo de nuestros rezos como testigo de nuestras vidas! No dejemos de rezarle de rodillas, con fe y confianza. Él guarda para la eternidad nuestras breves confidencias; es el testigo de nuestros propósitos, de nuestras enmiendas, de los más íntimos deseos de mejorar en la vida. Besemos la mano del Cristo que se extiende sobre nosotros, como testigo de nuestra amistad.

UN NIÑO CON FUTURO

Tristán Jacobson fue adoptado hace cuatro años, pero el proceso legal no ha terminado y sus padres necesitan dinero para concluirlo. El niño ideó una iniciativa que fue bien acogida: colocar un puesto de limonada frente a su casa. Los vecinos y amigos acudieron para colaborar generosamente y en pocos días reunieron siete mil dólares. Gracias a esta mano amiga el chico pronto lucirá su nombre de adopción: Quill Tristan Davis. Si bien las adopciones tienen su pasado triste, prevalece el entusiasmo de poder ofrecer el cariño de un hogar y el abrazo de una familia, para quien no los tuvo, para quien los perdió. Los padres adoptivos tiene un mérito enorme, pues desean sanar heridas y ayudar a construir un futuro seguro, sobre una base firme de respeto, amor y serenidad. Dios quiera que en estas situaciones florezca siempre lo mejor de nuestra humanidad, lo más noble de nuestros sentimientos y lo más heroico de las entrañas familiares. La adopción es siempre un don inmerecido, un gesto de amor que va más allá de la mera "obligación" en las relaciones humanas. Esto nos ayuda al recordar que somos hijos adoptivos de Dios gracias a Jesucristo, quien nos rescató con su sangre preciosa (Cfr. 1 Pedro 1, 18-19). De hecho, toda adopción entre nosotros evoca la feliz promesa de que un día podremos cruzar el umbral de la eternidad para entrar en nuestra propia casa.

TUS VERDADEROS COLORES

"Tú, con tus ojos tristes, no te desanimes. Me doy cuenta que es difícil tener valor en un mundo lleno de gente… Nos sentimos incómodos cuando alguien es diferente… Maltratada, no a causa de malas decisiones o algún error cometido, eres odiada a causa de tu ADN … Veo tus colores verdaderos brillando, veo tus colores verdaderos y es porque te amo, así que no tengas miedo de demostrar tus colores verdaderos … Sigo creyendo en el día que dejemos a un lado nuestras diferencias y dejar que una persona sea ella misma antes de cubrir nuestros ojos. Imagina la vida sin los límites que creamos con nuestro orgullo y las oportunidades que perdemos porque juzgamos desde dentro. Soy solo un niño, pero ahora estoy tratando de racionalizar cómo alguien puede detectar una astilla con un tronco en el ojo. Hay un legado que dejamos y es más grande que nosotros porque la verdad es que todos somos iguales y la respuesta es El Amor…"

De esta manera Matty BRaps (Matthew David Morris) extiende un velo delicado de cariño sobre su hermanita Sarah Grace y, al mismo tiempo, coloca frente a ella un fuerte escudo para defenderla del bulismo a causa de su síndrome Down. Por lo visto, la letra de la canción fue pensada en familia. Se trata, por tanto, de una radiografía de su amor y unión como padres e hijos. Merecen una nota de excelencia. En este sentido apreciamos los vínculos tejidos en torno a Sarah; vínculos que le infunden confianza y seguridad, y que le brindan la ocasión para que ella misma conceda a todos el don de su persona. El amor crece cuando el corazón se abre para acoger, cuando da ese "más" para rellenar las diferencias, cuando construye un puente de comprensión que une las orillas, a veces tan distantes, de nuestras maneras de ser. Cabría resaltar el papel fundamental que han tenido Blake y Tawny Morris, padres de Matty, de Sarah y de otros tres hijos, Blake Jr., Joshua y John, no sólo para la redacción de la letra de la canción, sino, sobre todo para que podamos percibir que corresponde a una vivencia familiar. Sin duda que ellos ven los "verdaderos colores" que cada uno tiene en su familia. Igualmente su mirada de amor se extiende a los demás familiares, amigos, conocidos y al enorme auditorio de fans de Matty. A quien deseamos que siempre sepa transmitir en sus canciones un mensaje positivo, sencillo y profundo, que abra caminos para mejorar como personas ante la mirada de Dios. Ojalá algún día tengamos la ocasión de ver los ojos felices de Sarah y de darle un fuerte abrazo; así como de escuchar personalmente a Matty para pedirle que nos repita una y otra vez una frase central de la canción: "La verdad es que todos somos iguales y la respuesta es El Amor".

True colors: https://www.youtube.com/watch?v=3qj_jypYLlo

MILLONARIOS DE UN DÍA A OTRO

Estamos rodeados de seres admirables, cuya grandeza no siempre apreciamos por pasar velozmente a su lado. Maravilla de qué manera varias personas han llegado a ser "millonarias de la noche a la mañana". Un vídeo nos presenta casos como el del joven Fraser Doherty que recaudó millones vendiendo la receta de mermelada de su abuelita, o Alex Tew, quien para pagar sus estudios ideó la venta de pixeles en su página web, o Roni Di Lullo que creó gafas polarizadas para perros, o la camarera Cara Wood que recibió seis millones de dólares de Bill Croxon por haberlo atendido siempre con amabilidad y cariño cuando acudía al restaurante donde trabajaba, etc. Al poner en vitrina a estas personas exitosas se deja caer en nuestra alma la semilla de un estímulo para que perseveremos en nuestras ideas y proyectos. Hemos de cultivarlos con ingenio, con esfuerzo perseverante, con una dosis diaria de ilusión y de superación. Sería una gozosa lotería que cosechásemos millones de billetes "de la noche a la mañana", pero lo importante es que multipliquemos nuestros propios talentos en el servicio a los demás, con amor, con generosidad, mirando antes por su bien que por el nuestro. El verdadero éxito está dentro de nosotros mismos, dando ocasión para que Dios nos conceda su bendición. Los más grandes genios son los que más nos han amado y ayudado a ser mejores.

https://www.youtube.com/watch?v=uxBjvSbcKX8

LA MAYOR LOCURA DE AMOR

 El refrán dice que "de músico, poeta y loco, todos tenemos un poco". Ahora bien, varía la dosis de esas cualidades en cada uno de nosotros. Algunos somos escasos en música y un desastre para la poesía, pero si hablamos de locura, entonces sí, de eso andamos muy sobrados. Un reciente vídeo de "mayfeelings" abre un abanico precioso de ciertas hazañas que las personas realizan para manifestar su amor. A decir verdad son increíblemente bellas y, aunque visten disfraz de locura, su rostro es el de una generosidad y un cariño que van más allá de lo normal hasta rozar el heroísmo. ¡No hay límites para un corazón que ama! Por ello, su aplicación al amor redentor de Cristo, a su pasión dolorosa y a su promesa de eternidad, rinde un sentido honor. En efecto, no ha cabido más entrega, ni mayor amor hacia cada hombre y mujer que en la vida de Jesús de Nazareth. "Su mayor locura fue haber muerto por mí", dice una chica del vídeo. Aquí sí conviene sacar a relucir nuestra vena poética para preguntarnos con Lope de Vega: "¿Qué tengo yo que mi amistad procuras. ¿Qué interés se te sigue, Jesús mío, que a mi puerta, cubierto de rocío, pasas las noches del invierno oscuras?"… El corazón tiene sus razones secretas y para nosotros siempre será un misterio este enamoramiento divino. No nos queda sino corresponder de igual manera, ofreciendo la mejor versión de nuestra locura de amor a Jesús, escondido en nuestros hermanos.
https://www.youtube.com/watch?v=bRLiHbhVOzk

E-JI, ESTÁS EN MIS SUEÑOS

Wudamu (乌达木) regaló al mundo un bello canto en su lengua mongola. Es huérfano desde su infancia y, según expresó, cada noche sueña que su mamá (E-Ji en mongol) se sienta en su cama y lo besa en la frente. "Al ocultarse el sol, cuando todo se vuelve brumoso, mis pensamientos vuelan hacia mi madre. El cielo está lleno de gotas de la leche que me dabas. Se me cansan los ojos mirando al horizonte. Madre, ¿por qué estás tan lejos? En mis sueños me tomas de la mano. Viento y arena cubren mis ojos, aun así quiero ver a mi madre.¿Dónde estás, madre amada? Me gustaría que besaras mi frente ... Quieres que sea valiente como un águila en el cielo. Tú me hiciste fuerte, como flores en el viento. Cuando camine adelante con la frente en alto, sé que estarás caminando a mi lado... En mis sueños me abrazas fuerte Madre, ¿por qué estás tan lejos? Espérame, que tu hijo va hacia ti". Un presentador resaltó la fortaleza del niño y le dijo que era una estampa del "Principito". Por su parte, una presentadora abrazó al niño en nombre de las mamás sentadas en el auditorio y dijo que todas ellas desearían tener un hijo como él. Wudamu, sin perder su compostura, volvió a cantar para su amada E-Ji y dijo que la extrañaba. Quienes levantamos la mirada al cielo para recordar a nuestra madre hemos cantado siguiendo los labios del niño mongol. Después de una vida de amor en la tierra, solo el cielo de Dios puede ser el hogar donde nuestra madre volverá a abrazarnos.

Niño canta a su mamá:
https://www.youtube.com/watch?v=-a99Qfwzd00&index=6&list=RDIuvo99nPEe4

PAPÁ, VUELVE A CASA

Según un estudio convencional, el país más pacífico del mundo es Islandia y el más bélico se lo disputan Somalia, Siria, Irak y Afganistán. Los hombres hemos manchado de sangre la casa común del mundo en el que nacimos. Y la potencia de las armas actuales es tan demoledora que A. Einstein pudo afirmar con agudeza: "No sé con qué armas se luchará en la Tercera Guerra Mundial, pero sí sé con cuáles lo harán en la Cuarta Guerra Mundial: palos y mazas". Es una triste visión que anhelamos no ver realizada jamás. Por ello, la paz que deseamos se convierte en una oración incesante desde el propio credo religioso. Los niños judíos del Yeshiva Boys Choir dedicaron hace tiempo un canto a las mujeres y niños cuyos padres no regresaron de la guerra. Por su rico contenido fue tomado como guión para un cortometraje en el que un niño sufre la ausencia de su padre llamado por el ejército para una misión militar. El canto eleva su tono entrecruzando la angustia, el dolor y las plegarias a Dios. La guerra divide en bandos rivales a los hombres, pero cada quien carga con el dolor que se clava en sus propias familias. El sufrimiento es el terreno que todos pisan sin distinción. Tenemos como supremo recurso la oración que elevamos al cielo suplicando al Señor, príncipe de la paz, que nos conceda amarnos como hermanos, hijos de un mismo padre y llamados a un destino común. Vale la pena leer con calma el texto de la canción, que agradecemos de corazón a los niños del Yeshiva Boys Choir:

"Papá se ha ido. Se fue hace mucho tiempo y por él yo rezo. Ingresó en el ejército luchando en una guerra en un lugar lejano, prometiéndome que regresaría cuando las velas del Hanuká se enciendan. Así que aquí te esperaré. Recito bendiciones junto a la luz de las velas, pero se está haciendo tarde. ¡Papi, vuele a casa, quédate conmigo, déjame tomar tu mano, déjame sentarme en tus rodillas! ¡Veo un miedo en los ojos de mamá cada vez que ella llora y trata de consolarme a mí! Da miedo aquí en casa. Mi mente comienza a correr. ¿No te habré perdido? Oigo el teléfono, mamá suspira con preocupación… ¡No puede ser verdad! (...) ¿A dónde se ha ido? ¿Cómo lo soportaré? Dime, ¿qué puedo hacer? Necesito rezar: "Por favor, escucha mis súplicas, para que hagas que regrese mi papá a casa". ¿Quién es ese que escucho diciendo mi nombre? Correré a sus brazos. ¡Sí, mi papá regresó a casa para mí! Estaré en sus rodillas. Ahora él me sostendrá por toda la eternidad. Cuando caiga la noche, estaremos de pie al fuego de las ocho velas; ellas son la luz de la noche. Por fin en casa, con los ojos llorosos, abrazo a mi papá muy fuerte y no lo dejaré ir".

Daddy come home:
https://www.youtube.com/watch?v=AO9rg4Zmb1Aç

EL TALENTO DEL AMOR

Los concursos de talentos son una mina de sorpresas y gusta mucho que al tirar de una cualidad de las personas, como sucede al recoger cerezas, se saquen a la luz muchas más. En "México tiene talento 2015" el Sr. William Gómez Moreno, que entonces tenía "simple y llanamente 83 años", encantó al público por su simpatía al cantar un bolero, pero, sobre todo al demostrar la talla enorme de su humanidad, corazón y amor de esposo. Como suele decirse: impartió cátedra en cada gesto y expresión. Al referirse a su matrimonio, Don William dijo: "Para mí, mi esposa significa el amor más grande de mi vida, porque me motiva a ser lo mejor que yo pueda ser. Años de casados vamos a cumplir ya 59. Para conservar mi matrimonio son tres cosas nada más: amor, respeto y ser fiel". Un grande aplauso se levantó de las gradas y especialmente entre los rostros más jóvenes. Este consejo, caído como fruto maduro, tiene un valor altísimo para los novios: Si desean perseverar en su futuro matrimonio anoten en su corazón: "Amor, respeto y ser fieles". Pero no terminó aquí, las cerezas seguirían saliendo. La presentadora Ximena no cabía en su entusiasmo y aplicó el micrófono a la voz de su interior: "Don William, ¿qué le puedo decir? Usted está viviendo ya mi sueño: yo quiero llegar a su edad haciendo lo que hace, cantando con tal amor en la vida y, de verdad, usted es un gran ejemplo". La respuesta del maestro William fue motivadora y elevó el listón de las expectativas de la joven: "Es muy sencillo: ¿A quién ama usted en esta vida?... Ámese usted, adórese usted, para que sepa lo que es amar. Lo más hermoso es dar el amor". La lección final llegaría para el presentador de nombre Kalimba. A los que presenciaban el concurso no queda claro el trasfondo de la relación entre él y Don William, pero se intuye que hubo un encuentro en su pasado muy importante y positivo, quizá una prueba superada por Kalimba de la que Don William fue testigo: "Te conozco desde niñito. Te admiro y te respeto, porque te supiste comportar como hombre". Inesperadamente al joven presentador le saltaron las lágrimas. En fin, ¿qué decir de estas escenas sobre un palco de "talentos"? Quizás lo más oportuno sea correr un velo de discreción y admiración. De discreción para respetar las vivencias personales de las personas; y de admiración para aprender unos de otros a dar lo mejor en cada situación de la vida. Han caído abundantes fechas del calendario desde es hecho y desconozco si Don William ganó o no el concurso del Talento México 2015… Pero, algo sí queda claro: se trata de un grande hombre, que lleva en su pecho un corazón inundado de amor a Dios, a su esposa y familia, y a todas las personas que encuentra en su camino. ¿Hay mejor talento que éste?

Don William Gómez:
https://www.youtube.com/watch?v=nnZXDR0D2qE

ALÉRGICA AL SOL

Al parecer más de un tercio de la población padece algún tipo de alergia. Ésta se entiende como una reacción desproporcionada del sistema inmunitario a una sustancia que es inofensiva para la mayoría de la gente. Las principales sustancias que causan esta reacción son el polen, los ácaros del polvo, las esporas de moho, la caspa de animales, algunos alimentos, las picaduras de insectos y ciertas medicinas. Ahora bien, Savannah Fulkerson, una niña de once años residente en Santa Clarita, CA, sufre "Erythropoietic porphyria" (EPP): un desorden metabólico que se caracteriza por una hipersensibilidad a la luz solar. Digamos que es "alérgica al sol". Respondiendo a una entrevista de la ABC, la niña y su madre Andrea ilustraron el sufrimiento que esta situación impone a su familia. Savannah subrayó la pena que siente de no poder llevar una vida normal, ni disfrutar de un día luminoso en la playa o piscina con sus amigas, etc. Vive en la "oscuridad" de su casa haciendo del día la noche y de la noche el día. La ciencia médica se encuentra ante un enigma sin resolver, no obstante haya dado pasos importantes en su estudio y en la curación paliativa. Al pensar en casos como éste, el corazón eleva la mirada al cielo pidiendo a Dios fortaleza y comprensión de su plan providente. Somos frágiles y justamente por esto, objetos de un Amor eterno que desea hacernos partícipes de la vida inmortal. Es hermoso ver sonreír a Savannah; ella es la luz en la "oscuridad" de su casa.
https://www.youtube.com/watch?v=KYyOai2R7q8

¡SOY DE CRISTAL!

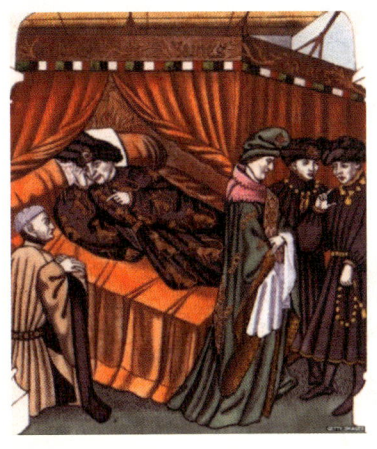

El Rey Carlos VI de Francia sufrió un trastorno psicótico llamado "ilusión de cristal" (Glass delusion) por el que se creía hecho de cristal y a punto de romperse. Esta turbación de su personalidad lo guió ciegamente a refugiarse en una guarida enfermiza, pues, en realidad, lo que hacía era rodearse de excentricidades como la de quedarse inmóvil en su cama, no cambiarse de ropa, o negarse a ser tocado. ¡Temía que lo rompieran! Gracias a Dios este fenómeno o desequilibrio no es común entre las personas, si bien fue usado con acierto en algunas obras literarias, como la del magnífico Cervantes en su novela ejemplar "Licenciado vidriera". Por lo regular no nos encontramos con personas que teman romperse. No obstante, este suceso inusual ha sido aplicado a la posibilidad real de ser hechos trizas por una sociedad ávida de ganancias, de ser agrietados por una mala amistad o por una traición, y, sobre todo, de ser nosotros mismos víctimas de nuestras tendencias desordenadas que encaminan al más brutal egoísmo. Somos de carne y hueso y, por ello, muy quebradizos. Hemos de tomar todas las sanas precauciones para permanecer íntegros en cada paso de la vida. Nada mejor que ser personas de valores, de virtud, de fe, de esperanza y amor. Ninguna tempestad podrá "rompernos" del todo si Dios es el centro y el peso de nuestra existencia, si Él es el ancla de nuestros días en la maravillosa aventura de la vida en camino a la eternidad.

CORAZÓN DE ORO

 Uno de los regalos más maravillosos que nos concede la vida es recibir el cariño de personas que llevan en su pecho un corazón de oro. Quizás no destaquen, ni aspiren a pisar los palcos de la fama; quizás les encante pasar desapercibidas y sentir más que recompensados sus sacrificios viendo las sonrisas que hacen brotar; quizás carezcan de formación profesional o de instrucción académica; quizás nunca hayan salido del rincón perdido de un pueblo o vivan silenciosas en medio de la tumultuosa marea de las ciudades. A estas personas se aplica bien un dato que los científicos hipotizan sobre la composición interna de nuestra madre tierra. Dicen que en el núcleo del planeta hay una cantidad enorme de oro fundido. Si pudiésemos extraerlo bastaría para cubrir la superficie de la tierra con una capa poco menor de medio metro: 45.72 centímetros. ¿No es increíble saber que nuestro planeta custodia en sus entrañas un "corazón de oro"? Demos rienda libre a nuestra capacidad de admiración. A Dios le fascina sorprendernos con sus maravillas. Por ello, cada vez que damos un paso en el conocimiento de nuestro universo externo y del misterio de nuestra humanidad nos adentramos en un pozo interminable de estupor. Y si es tan valioso el oro metálico, cuánto más, infinitamente más, es el oro de amor que las personas llevan en su corazón. Cierto, hay quienes poseen un tesoro de oro inmenso, pero, aun la persona más egoísta tiene algunos gramos dorados que son estupendos y que la hacen digna de ser amada. Nadie está sin valor ante los ojos de Dios.

LA MONEDA DE ORO MÁS VALIOSA

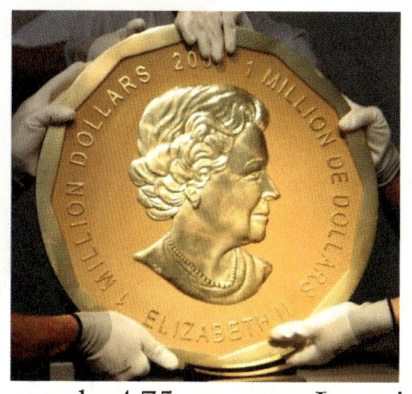

Es difícil saberlo con exactitud, pero se cree que las primeras monedas fueron acuñadas en Lidia (actual Turquía) entre los años 680 y 560 a.C., durante el reinado de Ardis. Utilizaron el electrum, una aleación natural de oro y plata, y el peso de la moneda era de 4,75 gramos. Los siglos han corrido y millones de monedas han entrado y salido en las arcas y bolsillos de los ciudadanos. Ahora bien, hay una en especial que no es nada fácil adquirir y que comporta un notable riesgo llevarla consigo. Se trata de la llamada "Maple Leaf" que ostenta ser la moneda de oro más grande y pesada del mundo. Tiene un diámetro de 53 centímetros y pesa 100 kilos. Si alguien desea conseguirla, sepa que cuesta sólo 3,27 millones de euros… Una satisfacción será saber que se trata del objeto de oro más puro del mundo, es decir: 99,999 % Y bien, dado que la mayoría de los hombres sólo veremos una foto de la moneda, nunca la tocaremos y jamás la poseeremos, nos será de provecho dar gracias a Dios por lo poco o mucho que hemos podido conseguir con el sudor de nuestra frente para el propio sustento y para el cuidado de los demás, especialmente de la propia familia. No tenemos monedas de oro, pero, -valga la expresión-, nuestro sudor se convierte en gotas de oro al filtrarse por el amor. Es una riqueza de cada día, sin fronteras, sin límites ni distinciones. Todo lo que toca el amor se vuelve precioso. Demos gracias a Dios porque nos permite atesorar tesoros ante su mirada.

¡GRACIAS, MAMÁ!

Podríamos publicar un libro genial de un día para otro; bastaría ensartar las frases de admiración y gratitud al amor de nuestras madres. Un proverbio judío abriría el texto con un toque de elegancia: "Dios no podía estar en todas partes, así que creó madres". ¿Verdad que sería un marco precioso, con bordes dorados de eternidad? Luego pasaríamos a escuchar a varios personajes que dan rostro a las diversas artes: Sophia Loren compartiría una experiencia personal: "Cuando se es madre, nunca estás realmente sola en tus pensamientos. Una madre siempre tiene que pensar dos veces, una vez por sí misma y otra vez por sus hijos". A estos hijos, las madres brindan su amor hasta la entrega de la propia vida, si fuese necesario. En este sentido J.K. Rowling, autora de la célebre serie de Harry Potter, ilustraría el poder de ese amor materno: "Tu madre murió para salvarte. Si hay algo que Voldemort no puede entender es el amor. No se dio cuenta de que un amor tan poderoso como el de tu madre hacia ti deja marcas poderosas. No una cicatriz, no un signo visible... Haber sido amado tan profundamente, aunque esa persona que nos amó no esté, nos deja para siempre una protección. Eso está en tu piel". Ahora bien, una madre es siempre una mujer que afronta todo tipo de dificultades y que también puede sucumbir; ante la estampa de una madre en dificultad Roberto Fontanarrosa aseguraría: "Aun viéndote sucia y borracha, me arrodillo para nombrarte: ¡Madre!". A esto añadiría finamente Churchill: "No existe la madre perfecta, pero hay un millón de maneras de ser una buena madre". En fin, para dar gracias a la propia madre no bastaría el léxico de todas las lenguas. Por ello, nada mejor que recurrir a la poesía, que nos regala las expresiones más elevadas de nuestros sentimientos. Concederíamos a José María Pemán decirnos cómo amamos a nuestra madre en vida y de qué manera la extrañamos cuando abre sus alas para volar hasta el cielo: "A una madre se la quiere /siempre con igual cariño /y a cualquier edad se es niño /cuando una madre se muere".

Podríamos confiar a la multinacional Procter y Gamble la difusión de este libro ideal, de este suspiro de amor en papel. Por lo visto, la P&G se ha especializado en resaltar el amor materno a través de videoclips que introduce en nuestros hogares junto a alguna ligera dosis de propaganda.

Finalmente el libro podría concluir con lo que tú y yo digamos sobre nuestra propia madre. Sería la mejor conclusión porque nos permitiría ver nuevamente a la persona que nos ha dado todo su corazón.

P&G Gracias mamá:
https://www.youtube.com/watch?v=RRCJg-Fj1Zk

VIENTO FAVORABLE

Decía Séneca que "no hay viento favorable para quien no sabe a dónde va". Es decir, que lo primero es conocer el destino de nuestra vida, la meta que deseamos alcanzar, la aspiración que perseguiremos hasta el último aliento de la existencia terrena. Sólo de esa manera nuestros pasos irán por un camino seguro y podremos sumar esfuerzos de manera provechosa. Así como nadie sube a un avión sin saber a dónde volará, nadie debería correr el riesgo de pasar un solo día sin darle sentido a su vida. ¡Qué importantes son esos minutos de silencio, arrodillados ante el Sagrario, en los que pedimos luz a Dios nuestro Señor para cumplir con paz y perseverancia Su santa voluntad, para decidir en la vida según Él desee de nosotros! El peso de los años se va encargando de afinar la brújula de nuestras decisiones personales, pues tomamos conciencia de que el tiempo cae silencioso como en el reloj de arena, sin permitirnos dar marcha atrás. ¿A dónde voy? ¿Qué sentido tiene mi vida? Si, con la gracia de Dios y una reflexión madura, tengo claro el fin, aunque no lo haya alcanzado, entonces, podría dar la vuelta a la sentencia de Séneca para expresar con entusiasmo que toda situación, agradable o dolorosa, es un viento favorable que acerca a la meta.

EL FLYBOARD O VOLAR SIN ALAS

Es posible que hayamos oído hablar o, mejor aún, que hayamos visto en acción a "Estela plateada", un personaje fantástico de Marvel. Pues, ahora resulta que los mismos polvos de fantasía rodean a Franky Zapata, inventor francés, que ha probado con éxito su monopatín volador (Flyboard). Para ello, empleó cuatro motores de jet a radio control de 250 caballos de potencia, junto con otros dos motores laterales para aumentar la estabilidad. El monopatín usa queroseno A1, transportado un depósito en la mochila, y el empuje se controla con un mando, mientras que la dirección se basa en cambios en el peso corporal. En fechas recientes voló la distancia de 2.252 metros sobre una bella bahía francesa, batiendo un récord. En teoría podría subir hasta 3 km de altura y desplazarse a una velocidad de 150 km/h, pero no se ha probado por motivos de seguridad. ¿No resulta increíble? Es como un sueño hecho realidad: ¡volar sin alas! Ahora queda hipotizar cómo regular a los futuros voladores camino de la escuela o el trabajo… Es todo un desafío, como cualquier nueva invención. ¿No creen que Dios se sienta satisfecho de ver al hombre volar cada vez mejor? Ojalá que todas y cada una de las obras de nuestras manos puedan recibir la bendición divina, expresada de manera tan fina en el Génesis: "Vio Dios cuanto había hecho, y todo estaba muy bien"(Gen 1.31)

https://www.youtube.com/watch?v=sAy9A3LLu4I&feature=youtu.be

CÓMO SE FORMA UN TORNADO

Siempre hemos admirado y temido la fuerza de la naturaleza. Un fenómeno imponente es el tornado. El léxico metereológico lo define de esta manera: "Una columna de aire que gira violentamente sobre sí misma, estando en contacto con el suelo, ya sea colgando de o debajo de una nube cumuliforme, y frecuentemente (pero no siempre) visible como una nube embudo…". Los tornados han recorrido todos los continentes, excepto la Antártida, pero gozan de un especial caldo de cultivo en ciertas regiones del mundo como en el "Tornado Alley" de Estados Unidos y en el "Pasillo de los tornados" de Sudamérica. Los cazadores de estas columnas ciclópeas arriesgan su vida para visualizar la magnitud del fenómeno. Nada podemos hacer ante su magnitud y potencia, sino prevenirnos de la mejor manera y reparar los daños. Algunos vídeos muestran cómo se forman y de qué manera cobran fuerza y cuerpo. Vienen a la mente esos "tornados" que de vez en cuando también se arremolinan en nuestro interior, compuestos de aires envidiosos, de temores, de prejuicios afectivos, de rivalidades nunca doblegadas… También tienen un enorme poder destructivo dígase en la propia persona, como en la relación con los demás. Recurramos a Jesús con cuya sola presencia se calman los vientos y cesa el oleaje.
https://www.youtube.com/watch?v=bjb7QtMEBUg&feature=youtu.be

PADRENUESTRO EN ARAMEO

La lengua familiar del pueblo hebreo de Palestina fue el arameo. Jesús lo hablaba y en esa lengua nos enseñó la entrañable oración del padrenuestro, respondiendo a la petición de sus discípulos: "Señor, enséñanos a orar" (Lc 11,1). Desde entonces, la oración se fue difundiendo como una bendición hacia los cuatro puntos cardinales, abrazando las diversas culturas. Así lo vemos reflejado en la Iglesia del Padrenuestro, en lo alto del Huerto de los Olivos en Jerusalén, que lo muestra escrito sobre azulejos en más de 200 idiomas y dialectos. Pero, ¿no sería hermoso escuchar las palabras que Jesús pronunció en su lengua? Hoy tenemos el privilegio de poder acceder a una grabación del padrenuestro en arameo. Al escucharlo, podemos inclinar la cabeza y trasladarnos con el corazón hasta ese primer momento en que los hombres nos dirigimos a Dios como "padre" a través de los labios de Jesús. Recémoslo en familia con frecuencia. ¡Somos sus hijos!

Padre nuestro en arameo:
https://www.youtube.com/watch?v=SubyGJ0OHy8

LET IT GO!

Alex Boyé ha dado un toque de ritmo africano a varias melodías. Entre otras ha destacado su interpretación del famoso tema "Let it go" de la película Disney "Frozen", ganadora del Óscar como mejor canción original en 2014. Esta nueva versión fue confiada a la talentosa Alex Walker. En la película de dibujos animados el canto danza en los labios de la reina Elsa, quien decide formar su propio castillo y reino para dar libertad a su vida y al poder que tiene de congelar todo lo que toca, sin dañar ya a nadie. Unas frases clave de la canción son las siguientes: "El viento aúlla como esta tormenta de espiral por dentro. No puedo encerrarla, contenerla. Sabe Dios que lo que he intentado… Déjalo ir, déjalo ir. No lo puedes retener más… Da la vuelta y cierra la puerta. No me importa lo que vayan a decir. Es gracioso como algo de distancia hace parecer todo pequeño. Y los temores que una vez me controlaron no pueden volver más. Es hora de ver lo que puedo hacer para poner a prueba los límites y romper con todo… ¡Soy libre! Mi poder se agita en el aire hasta el suelo. Mi alma gira en espirales fractales congeladas. Y un pensamiento se cristaliza como un gélido estallido. No volveré atrás. El pasado está en el pasado"... La crítica concedió una especial admiración al canto porque da voz a la sed de libertad que todos los hombres llevamos en nuestro interior. Ahora bien, aunque inicialmente la reina Elsa consigue esa ansiada libertad, no se trata sino de un aislamiento. ¡Ser libres no significa dejar de existir para los demás! El círculo virtuoso se completa cuando la corrientes cálidas del amor se introducen en ese palacio de hielo. El corazón, en efecto, sólo es libre para amar. La libertad misma es inconcebible sin el amor porque el egoísmo es su peor cárcel. Los finales felices de las películas Disney nos suelen dejar un buen sabor de boca y "Frozen" lo consigue de manera estupenda.

Let it go:
https://www.youtube.com/watch?v=DAJYk1jOhzk

EMOCIONES FUERTES

Nuestra familia humana es un manantial de dones y cualidades, diversos, complementarios, sorprendentes. Uno de ellos pertenece a una categoría curiosa, que se lleva en la piel y que sólo necesita la chispa de un estímulo para encenderse. No tiene un nombre específico, pero, lo entendemos al decir que a ciertas personas "les encantan las emociones fuertes". Y, en efecto, o somos o conocemos personas que adoran treparse al picacho más alto, saltar al agua desde un acantilado, introducirse en galerías subterráneas, planear por los aires, etc. Parece que su sangre se calienta y corre mejor cuando esas "emociones fuertes" los engullen. Pues bien, a estas almas jóvenes e intrépidas gustará saber que ha sido inaugurada la montaña rusa más alta (68 metros), más rápida (120 km/h) y más larga (1.041 metros) del mundo. Se encuentra en Cedar Point (Ohio, Estados Unidos) con el nombre de Valravn. Es curioso, pero podemos estar ciertos de que pronto veremos algún ancianito entre los jóvenes y adolescentes gritando de miedo y entusiasmo. La vida no distingue edades y se encarga de darnos a todos emociones apenas percibidas o tan fuertes que nos queman el alma. Cada día tiene su pequeña o grande emoción porque Dios se deja sentir.

Montaña rusa:

https://www.youtube.com/watch?v=sEydyLJ-wjw&feature=youtu.be

ARTE EN LA PUNTA DE UN LÁPIZ

Las habilidades artísticas encuentran cauces muy diversos, a veces insospechados. Las posee un paisajista en la finura de su pincel, como también un albañil en sus manos fuertes; las demuestra un escultor sobre mármol de Carrara, como un modelador de figuras en la arena de la playa. En estos días sorprenden las obras maravillas que algunas personas tallan en la punta de los lápices. Su talento y unos gramos de grafito son capaces de reproducir una miniatura de la copa mundial de fútbol, la torre Eiffel, o una cabeza de un tiranosaurio, entre otras. La verdad es que cada ser humano es un artista en su vida por las cualidades únicas e irrepetibles que nuestro buen Dios le ha concedido. ¿Has visto de qué manera tan bella tu mamá prepara un platillo sobre los hornillos? ¿Y qué dices de las personas que tejen prendas de vestir coloridas, de lana pura y suave como su alma? ¿No quedan prendados nuestros ojos por las manos precisas del carpintero, del zapatero o del carnicero? Una labor artística nos regala el dentista, como el peluquero y el sastre. En resumen, así nos enseña nuestro Catecismo de la Iglesia Católica en el nº 307: "Dios da así a los hombres el ser causas inteligentes y libres para completar la obra de la Creación, para perfeccionar su armonía para su bien y el de sus prójimos".

https://www.youtube.com/watch?v=GLOw_x0okXM

CUANDO EL NIÑO NACIÓ

"Cuando el niño nació" (When a child is born) es un canto navideño cuya letra Fred Jay adaptó a la melodía "Soleado". Lo curioso es que no hay ninguna mención específica para la Navidad, pero las importantes y hermosas referencias al nacimiento de un niño nos hace volver la mirada hacia Jesús, nacido en la humilde gruta de Belén. Resaltemos lo siguiente: "Un rayo de esperanza atravesó el cielo, una estrella brillante iluminó el final del camino que atravesaba la Tierra al amanecer de un nuevo día... Un deseo de silencio cruzó los siete mares, los vientos cambiaron susurrándole a los árboles, y los muros de dudas se sacudieron y se desmoronaron... Y todo esto pasó porque el mundo estaba esperando a un niño... que, cuando creciera, cambiaría las lágrimas por risas, el odio por amor, la guerra por paz, y todo el mundo ayudaría al prójimo. La pobreza y el sufrimiento se olvidarían para siempre... esto sucedió cuando el niño nació". Aplicar este canto a la propia vida hace mucho bien. Nosotros cambiamos cuando este Niño nace en nuestros corazones, pues, entonces, se iluminan nuestras oscuridades, caen por tierra los muros de dudas o rivalidades, el corazón late con la fuerza del amor. Cada persona es importante cuando este niño nace y, sobre todo, sabemos que gracias a Él todo "hombre de buena voluntad" nace también para el cielo. https://www.youtube.com/watch?v=WrxhPC4E6ao

EL GOL DE CHILENA

 Una de las piruetas más ensayadas es el gol de "chilena". Seguramente hemos intentado hacerla sobre el campo de fútbol, sobre la arena de la playa, en la piscina o, incluso, sobre la propia cama. Para algunos es ya un logro, para otros seguirá siendo un sueño. Se cuenta que un jugador hispano-chileno fue quien la "inventó" hace más de cien años, en enero de 1914. El jugador se llamaba Ramón Unzaga y su recuerdo en el mundo del deporte lleva esa única y brillante medalla. Al no identificarla con su nombre, Ramón es casi desconocido, no obstante todos soñemos con apropiarnos de su "invento". Esto hace pensar en la importancia de nuestras obras, de ese poco o mucho que, con la gracia de Dios, hayamos podido hacer para bien de los demás. Es el legado que dejaremos detrás de nosotros. Nuestro nombre no es importante, salvo que esté escrito en el libro de la vida, pues nuestra herencia es el bien brindado a todo prójimo. El libro del Apocalipsis nos recuerda que es dichosa la muerte de los justos ante los ojos del Señor; que ellos "descansan de sus fatigas, porque sus obras los acompañan" (Apoc. 14,13). Así que mucho ánimo en cada segundo de nuestra vida. Poco a poco vamos labrando la eternidad dichosa, que es una obra de la gracia, pero correspondida por cada uno de nosotros. Seguro que en el cielo, Ramón Unzaga terminará de enseñarnos a meter golazos de chilena; será más fácil, porque tendremos alitas…

¿NOVIA SIN VESTIDO DE BODA?

 Los incendios son peligrosos, pues el fuego reduce a cenizas todo lo que toca. La prioridad absoluta es poner en salvo a las personas y después, en cuanto sea posible, también sus pertenencias. Sucedió que la joven Elise Phillippo tenía preparada su boda de ensueño, pero se desató un incendio terrible en su región: Fort McMurray, en la provincia de Alberta, Canadá. Más de 80.000 personas fueron evacuadas. Entre los objetos calcinados quedó su vestido de boda y bien sabemos qué importante es para una novia. Ante la pena, su fotógrafo preguntó en Facebook si alguien podía prestar un vestido a Elise. Más tardó en publicar la petición que en recibir cientos de respuestas. Finalmente la novia vistió uno para la ceremonia y otro diverso para la recepción, que no tuvo que devolver, porque se lo regalaron. ¿No es hermoso este gesto de apoyo para la novia? Sin embargo, quizás lo más grandioso, que los periódicos no comentaron, es que tanto ella, como su marido, pronunciaron su promesas habiendo superado juntos una primera y dura prueba, la del incendio. "Prometo serte fiel, tanto en la prosperidad como en la adversidad, en la salud como en la enfermedad, amándote y respetándote durante el resto de mi vida". Las cenizas del primer vestido fueron un testigo silencioso de su amor fiel y auténtico; de lo mucho que se quieren y de lo que están dispuestos a hacer uno por otro. Ese es el amor, que se purifica y embellece en cada prueba que la vida nos depara.

CUATRO ARTISTAS Y UN VIOLONCHELO

Tocar un instrumento musical es un privilegio que, de alguna manera, concede a nuestra alma una voz especialmente bella para que exprese sus sentimientos más hondos. ¿Y qué sucedería si cuatro personas sonasen al mismo tiempo un violonchelo? Este espectáculo es un regalo que nos ofrece el "Wiener celle ensamble 5+1" interpretando el Bolero de Ravel. La pieza musical es una obra de arte cuya aceptación por el público fue extraordinaria en su momento. Su primera grabación fue en 1931 y, como sucedió a otros autores, Ravel tuvo que ver "oscurecida" toda su obra por una sola pieza, a la que no otorgaba una importancia relevante. Concedámonos un tiempo para disfrutarla. Esos cuatro arcos deslizándose sobre las mismas cuerdas nos abren los ojos para vernos reflejados. El grande Artista y Señor de nuestra vida hace brotar melodías bellas, armonizadas por el ritmo de su santa Voluntad. Él también puede deslizar diversos arcos al mismo tiempo sobre las cuerdas de nuestros sentimientos y convicciones. Y así, es frecuente que el arco de la fe se deslice sobre el alma junto con el de la incertidumbre, que el arco de la felicidad y del dolor toquen las misma fibras del corazón… Ese violonchelo en manos de cuatro artistas es como nuestra alma cuya melodía arranca de la mano amorosa de Dios y que debe ser tocada, al mismo tiempo, por miles de manos de nuestro amor al prójimo.
https://www.youtube.com/watch?v=aUeysGoPFTk

¡DADNOS NUESTRA NIÑEZ!

Todas las guerras muestran su peor rostro en el sufrimiento de los inocentes. Y, si hablamos de inocencia, miramos a los ojos de los niños. De mil maneras se mostrado al mundo la terrible situación que viven las personas en Siria. Actualmente "Dios llora" sobre esa región de nuestro mundo, en la que ha dejado de llover la paz. Al inicio de este año 2016, Ghina Bou Hamdan, una niña de 9 años, mezcló su bella voz con las lágrimas en el conocido concurso "The Voice Kids", interpretando la canción "Dadnos nuestra niñez". El texto era simple, como las tareas que le dejaban en su escuela, cuando todavía estaba en pie: "¿Por qué no tenemos vacaciones, ni adornos…? Mi tierra está quemada. A mi tierra se le ha quitado la libertad… ¿Dónde está el bonito sol y dónde el aleteo de las palomas?... Mi tierra es pequeña como yo… Devolvedle la paz, dadnos la niñez…" A través de sus lágrimas hemos vuelto a ver el martirio de las sociedades en guerra y el dolor sin sentido que azota el alma inocente de los niños. Elevemos nuestra oración al Príncipe de la paz para que los hombres devolvamos la inocencia que la guerra ha robado a los niños.

https://www.youtube.com/watch?v=Kc1yfZngUms

134

EL LADRÓN EMPLUMADO

Dice un refrán: "Aunque esté echado el cerrojo, duerme con un solo ojo". Esto para invitarnos a estar precavidos pues, por desgracia, la mano de un ladrón puede estar al acecho. Ahora bien, sucedió algo que rompió todo esquema. El escocés Peter Leach viajaba en autocarabana en la Isla Sur de Nueva Zelanda y se detuvo para tomar unas fotos. Pero, no se dio cuenta que, aprovechando su ausencia, un loro kea se había introducido por la ventanilla abierta. Y acaeció lo impensable: Peter vio al ladrón emplumado emprender su vuelo con la bolsa de su dinero entre su pico. ¿Qué podía hacer?... Nada, salvo decir para sí mismo: "Ese loro ahora estará bordeándose el nido con billetes de 50 libras". En total, el robo fue de 1.000 dólares. Al denunciarlo ante la policía, el agente pidió permiso para dar una carcajada. En fin, era algo inaudito... La verdad es que a nadie nos gusta ser robados, ni aunque se trate por el pido de la más exótica ave del paraíso. Ahora bien, demos un salto fuera de la cauística para pensar en la educación que damos en casa a los niños y jóvenes. Los turcos suelen decir que "el que no da un oficio a su hijo, le enseña a ser ladrón". La verdad es que los padres de familia se doblan la espalda por abrir un futuro a sus hijos. Dios quiera que lo consigan, viendo correspondidos sus esfuerzos. La responsabilidad no es única ni entera de los padres de familia. Confiemos en que tener en casa un hijo ladrón, sea tan raro como ver a un loro robar nuestro dinero.

BENJI, OPEN THE DOOR!

Según una estadística, en el mundo se filman entre 2.500 y 3.000 películas al año. Una de las más recientes es "Mission: Impossible – Rogue Nation". Se trata de la quinta en la serie que tiene como protagonista al Agente Ethan (Tom Cruise). Este perfil de películas mezcla acción irrefrenable, temeridad, intriga, ficción, etc., dando un producto final que incendia la adrenalina. Y bien, sabemos que los efectos especiales se elaboran sobre el teclado de las computadoras. Sin embargo, hay una escena que fue real y que ha pasado a ser como la tarjeta de presentación de esta quinta aventura: Ethan se cuelga del fuselaje de un avión en pleno despegue para intentar introducirse en su interior. En esos segundos dramáticos repite a su colega Benji que active la apertura de la puerta: "Benji, open the door!". Al parecer se filmó ocho veces esa escena, que le quitó varias horas de sueño a Tom. ¡Quién sabe si algún día seremos protagonistas de una película! Lo más seguro es que no… Para dicha nuestra, sí lo somos en la historia de nuestra vida, en la que no hay ni un fragmento de ficción; todo en ella es real y no tenemos "dobles" que nos suplan en los riesgos, ni retoques falsos que engañen a Dios ni a nuestra conciencia. Somos protagonistas de una "misión imposible" que cada día se realiza porque "para Dios no hay nada imposible" y Él está de nuestra parte.

https://www.youtube.com/watch?v=p9KqkCyEjaE

LOS PASTORES DE RENOS

Uno de los más antiguos y pintorescos grupos nómadas es el Pueblo Sami que, desde hace más de dos mil años, habita lo que hoy comprende el norte de Noruega, Suecia, Finlandia y la península de Kolla en Rusia. "Nómada" etimológicamente viene del vocablo griego "nomós" (pasto) y significaría el jefe o anciano de un clan que dirige la distribución de los pastos. Los nómadas Sami pastorean renos alternando la migración entre los pastos del verano y los del invierno. Llevan una vida dura, de trabajo fuerte, pero siempre en contacto con la naturaleza limpia y fresca de Escandinavia. Como alguno dijo, se trata de personas que viven bajo el manto de las estrellas. Una curiosidad de este pueblo es su multiplicidad para referirse al color blanco; en concreto, tienen más de cien vocablos para expresar la "nieve" y más de cincuenta para aludir a los "renos". Y es que, en la práctica, su actividad se desarrolla entre la nieve y los renos. Cuando uno ve a un hombre en esos paisajes helados, viene a la mente pensar en la grandeza de la vocación que Dios nos concedió para cuidar de la tierra y para llenarla de Su presencia por medio del amor que Él mismo ha sembrado en nuestros corazones. ¡Qué diverso es el pueblo Sami a cualquiera de las junglas tropicales! Y, sin embargo, es el mismo hombre que va dejando huellas de eternidad. El amor de Jesús también ha tocado los horizontes blancos del Ártico.

PICADURAS, CONSEJO Y EMPRESA

Cuando tenía 4 años fue picada por unas abejas dos veces en una semana. El punzón de los insectos no sólo le causaron dolor, sino, sobre todo, mucho temor. Entonces, su mamá le dio un consejo cuyos márgenes era imposible imaginar hasta dónde se alargarían. Le dijo que se interesara por informarse acerca de la importancia de las abejas para el ecosistema. Mikaila Ulmer, una niña inquieta y alegre, siguió el consejo. El resultado fue su emoción al conocer el beneficio que aportan las abejas gracias a la polinización de las flores e ideó endulzar con miel una limonada, preparada siguiendo una vieja receta de su abuela. Fue el primer chispazo de un nuevo producto. La niña le dio el nombre de "BeeSweet Lemonade". Presentado en un programa televisivo (TV Shark Tank), destinado a jóvenes emprendedores, recibió una inversión de 60.000 dólares y poco después se firmó un acuerdo de 1 millón de dólares con la red de supermercados Whole Foods, que va a vender sus productos en 55 tiendas de Estados Unidos. Causa impresión conocer a una niña de once años, fundadora y millonaria, por una idea. Y mientras las cámaras enfocan la sonrisa limpia de Mikaila, pensemos en su madre y en todas las madres del mundo. Sus consejos son guía hacia caminos por recorrer. Los hijos, aunque muchas veces no lo comprendemos, sabemos que el amor maternal salpica de profetismo esos consejos recibidos entre sus brazos.

ATENTO PARA SALVAR AL HERMANO

¿Qué harías si delante de ti, a un solo paso, una persona estuviese a punto de accidentarse, quizás de manera grave? ¿Verdad que tu reacción inmediata sería la de adelantarte para ayudarla o, al menos, para avisarle del peligro? Lo que estuvieses haciendo en ese momento, aunque fuese muy importante, pasaría a un segundo plano. Te olvidarías de ti mismo para pensar en el hermano que necesita de tu ayuda, incluso sin habértela pedido. En fechas recientes, el futbolista venezolano Salomón Rondón protagonizó un gesto veloz de socorro a un compañero de juego de la Premiere Leage. No pasó desapercibido. Disputando un balón alto, su rival DeAndre Yedlin estuvo a punto de impactar con la cabeza en el suelo, sino hubiera sido porque Rondón tuvo la agilidad de tomarlo de un hombro y de la cintura para erguirlo. Ocurrió tan rápido que pocos se dieron cuenta, pero el hecho nunca será olvidado por Yedlin. En este sentido, estemos siempre atentos para captar al vuelo la necesidad de nuestros hermanos, sin esperar su mirada o petición de auxilio. La mayoría de las veces no se tratará de salvarles la vida, pero sí de brindarles una gota de amor. Y sólo así, gota a gota, se puede saciar la sed angustiosa que muchas personas llevan dentro de sí. Dios nos pide vivir en actitud continua de generosidad, que conlleva un sustrato fuerte de heroísmo. Quien viva con esta actitud está preparado para salvar a su hermano.

https://www.youtube.com/watch?v=671eKkgP_Wk

LA ABEJA REINA Y SU SÉQUITO

Es inevitable que se cuele algún insecto en nuestros vehículos. Lo inusual sería que una abeja reina se introdujese por la ventanilla de un auto y que, al poco tiempo, su entero séquito de 20.000 abejas se instalase dentro para atenderla. ¡Un panal con ruedas, música y aire acondicionado! Pues esto sucedió a una abuelita en las inmediaciones del Parque Natural de Pembrokeshire en Inglaterra. Sabemos que la vida de un panal gira en torno a la abeja reina, la única hembra fértil que rige la actividad de la colmena durante tres años aproximadamente. Siempre lo hemos admirado, atraídos la dulce miel que liban para nuestra delicia. En esta ocasión, pensemos en el cuidado de esas 20.000 abejas para su reina. No la abandonaron a su suerte, al contrario, acudieron en masa para abrigarla y protegerla, para alimentarla y seguir sus "indicaciones" en esa circunstancia extraña. Ojalá pudiéramos obrar de igual manera ante la virtud reina de nuestra vida cristiana: la caridad. Como la abeja reina, la caridad rige las actividades de nuestra vida y le confiere sentido de eternidad. San Pablo nos la describe en el "himno" que entregó a la comunidad de Corinto (1 Cor 1, 1-13). Por el amor se nos reconocerá como cristianos, por amor podremos seguir las huellas de Cristo, por amor estaremos siempre en acto de servicio, por amor perdonaremos y pediremos perdón, por amor daremos lo mejor de nosotros mismos sin pedir nada a cambio...El amor nos aglutina como la reina a sus miles de abejas en el auto de la Sra. Carol Howarth.

EL PELIGRO DE LA INDIFERENCIA

Alguna vez habremos oído la sentencia de que "la indiferencia mata". Ojalá que sólo la hayamos escuchado, sin haberla sentido arder en la propia piel. Es posible que a esta indiferencia, entendida como insensibilidad o aislamiento de los demás, se haya referido Albert Einstein al expresar que "la vida es muy peligrosa. No por las personas que hacen el mal, sino por las que se sientan a ver lo que pasa". Y es que somos miembros de la grande familia humana, en la que cada uno vale por sí mismo como don irrepetible, único y precioso. El sólo hecho de crear un vacío entre nosotros, de nutrir indiferencia por la situación de mi prójimo, es ciertamente "peligroso", porque negamos a nuestro corazón el amar sin medida. Nos provocamos un infarto espiritual en el que nosotros somos los primeros afectados, pero también dañamos a los demás porque los privamos del bien que les debemos. Las personas indiferentes son "peligrosas" para sí mismas porque pierden la fuerza de las motivaciones y de las creencias; son "peligrosas" para las demás, porque omiten el bien que deben hacer. Recordemos esto cada vez que rezamos el acto de contriccción al inicio de cada Santa Misa, cuando expresamos arrepentimiento por nuestros pecados de omisión. Dios nos ha creado para amar hasta la donación plena de nuestra vida. La indiferencia u omisión es como privarnos a nosotros mismos y a los demás de la vida misma.

CAPARAZÓN DE TORTUGA

La naturaleza es un libro abierto, repleto de lecciones para los espíritus atentos. Bien decía el sabio Marco Terencio Varrón: "Divina natura dedit agros, ars humana aedificavit urbes" (La naturaleza divina nos dio los campos, el arte humano construyó las ciudades). Hay que reconocer una inmensa sabiduría en los campos, es decir, en la naturaleza que Dios nos regaló como vestigio del paraíso perdido. Unas fotografías recientes de Lisl Moolman, tomadas en el Parque Nacional Kruger de Sudáfrica, nos muestran a un cocodrilo sujetando fieramente a una tortuga leopardo entre sus fauces. Es sabido que los cocodrilos poseen la mayor potencia al cerrar sus mandíbulas, llegando a registrar una fuerza de 268 kg por cm2 –si sirve de consolación, los hombres disfrutamos de una sabrosa carne asada aplicando 10 kg por cm2-. Pues bien, el caparazón de la tortuga era tan fuerte que pudo resistir el ataque y al poco tiempo se alejó nadando ante la vista de los depredadores. Sería interesante si pudiésemos escuchar algún docto comentario de Varrón al respecto. De manera sencilla, pensemos en la protección que necesita nuestra alma ante los ataques de sus enemigos: el mundo, el demonio y la carne. La Iglesia nos protege por medio de los Sacramentos de la Reconciliación y de la Eucaristía, de la Santa Misa, recomendándonos evitar las ocasiones de pecar, las amistades peligrosas y meditar en el Juicio y en la Eternidad que nos esperan. ¡Es un caparazón a prueba de mordidas!

CUANDO UN HOMBRE LLORA

 "La gente me observa. Aun así lloro. Tengo el hombro de Dios para llorar. Y lloro mucho. Lloro mucho en mi trabajo. Apuesto a que he derramado más lágrimas de las que usted puede contar". Así se expresaba George W. Bush, expresidente de Estados Unidos. Nosotros podríamos repetir las mismas palabras. El hombre llora porque el cielo le ha concedido las lágrimas para marcar los momentos de la vida que se hunden en lo más hondo del corazón. Las lágrimas son ese testimonio mudo de una conmoción interna, de un amor o de un dolor encendido que envuelve por igual el cuerpo y el alma. Un vídeo recoge escenas de jugadores bañados en lágrimas por el dolor de una lesión, por una eliminación, por la conclusión de su carrera deportiva o por el éxito en un campeonato. Valga como imagen para las diversas situaciones que discurren en lo más ordinario de nuestra vida. ¿Cuándo fue la última vez que lloraste? ¿Fue en brazos de tu madre o escondido debajo de las escaleras? No nos avergüence llorar, sino el no hacerlo cuando el corazón lo pide. La expresión que usó G. Bush es acertada: "Tengo el hombro de Dios para llorar". En verdad, Dios recibe tantas plegarias cuantas lágrimas y hace acopio de ellas para concedernos su bendición. Los santos Evangelios nos presentan a Jesús que llora de impotencia ante Jerusalén, de pena ante la tumba de su amigo Lázaro y de dolor ante la pasión dolorosa. Algo de divino tienen las lágrimas.
https://www.youtube.com/watch?v=fwpjSGbhWeA

DAVID, EL NIÑO BURBUJA

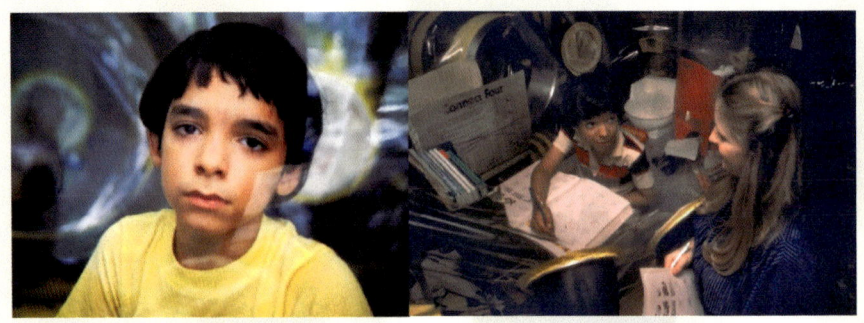

David Vetter será siempre recordado como "el niño burbuja". Al nacer se le diagnóstico la inmunodeficiencia combinada severa , o SCID. Es decir, que era un niño venido a la luz sin defensas inmunológicas y, por lo tanto, siendo sumamente vulnerable a las infecciones. Desde entonces y durante 12 años fue protegido en un ambiente hermético –dentro de una burbuja que le brindó la NASA– y acompañado por el amor de sus padres, por un equipo de médicos y por el cariño de las personas que atendían con cierta curiosidad sus noticias. En 1984 se le implantó médula ósea de su hermana, siguiendo un método experimental, pero los médicos descubrieron más tarde que el trasplante había infectado a David con el virus de Epstein-Barr latente, que lo llevó a la muerte. Las puertas del cielo se abrieron para el niño. Sobre su lápida fueron grabadas unas palabras de fuego que delinearon el perfil de su vida: "Él nunca tocó el mundo, pero el mundo fue tocado por él" (He never touched the world, but the world was touched by him). El misterio de David dentro de una burbuja de plástico se enlaza a cada persona que, a lo largo de la historia, se ha encontrado limitada para llevar una vida normal y para realizar sus aspiraciones. Hay muchos tipos de "burbujas" que contienen historias luminosas y oscuras, contrastantes entre sí. Así conocemos a quienes nacieron sin el calor amable de una familia y, por el contrario, a quienes nunca se alejaron de su hogar para cuidar de los suyos; a quienes, atrapados por un vicio, han arrastrado su existencia en un círculo de tragedias y a quienes llenaron de virtud una vida sin brillo aparente. La burbuja que aisló a David no impidió que se relacionara con los demás; pues, incluso recibió clases particulares. Pero, sobre todo, esa sutil capa de plástico no fue obstáculo para que la brisa suave del amor diese valor y una exquisita belleza a su corta vida. Dios, su familia, sus amigos y todos estábamos con él dentro de esa burbuja. En efecto, David nunca "tocó el mundo", pero él con su mirada serena ha penetrado el corazón y la memoria de la historia, de nuestra historia que gira sobre otra burbuja mayor: la de nuestro hermoso planeta azul.

"EL ETERNO CAPITÁN"

El talento y un notable sentido de entrega caracterizan la carrera deportiva de Raúl González Blanco. La lista de sus títulos y reconocimientos es simplemente demoledora o, mejor dicho, muy meritoria. Ahora bien, el público no sólo aplaude desde las gradas los goles de un astro del fútbol, sino, sobre todo, sabe reconocer su talante humano, sus valores familiares y la fuerza de sus convicciones. Raúl ha dado muestra de ser tanto o más grande fuera de los estadios. ¿Quién no lo recuerda besando su anillo matrimonial después de cada gol? Ese beso salía disparado del campo hasta donde se encontrase su esposa Mamen, para llegar también hasta las mejillas de sus hijos Jorge, Hugo, Héctor y Mateo, y de su hija María. Para el "eterno capitán"y para Mamen, los chicos son su mayor tesoro. A ellos se dedican en cuerpo y alma, buscando ofrecerles una educación serena y profunda, rica de valores y preparada para los desafíos de la actualidad. Varios detalles han saltado a la prensa y conviene recordarlos para apreciarlos mejor. Partimos de que siempre han viajado juntos y que su casa es allí donde se encuentren en familia, pues, como ellos dicen: "El hogar no son los objetos, son las personas". Raúl opta por la sencillez dando un testimonio que no siempre es acorde con las elecciones de otros colegas: "No me gustan los coches ni los relojes, me gusta la vida, los pequeños detalles, dar un paseo, el contacto con la naturaleza, ir al cine, ver deporte, estar con los amigos…". Su actual estancia en Nueva York ha planetado varios dilemas a Raúl y a Mamen y su decisión ha sido la de seguir una línea de coherencia con su modo de vivir y de pensar: "En Nueva York casi no usamos el coche. Vamos en metro o caminando. No es una ciudad pensada para cinco niños, no se ven esas familias por la calle. Pero hemos tenido suerte, acuden a un colegio católico que está a doce bloques andando. Se han integrado muy bien. El fin de semana vamos todos a Central Park a montar en bici o a correr". Un detalle que ha llamado la atención de muchos es que sus hijos no tienen móvil ni tablet: "Preferimos que los niños jueguen entre ellos". En fin, se trata de un matrimonio feliz, de chicos sanos que crecen mirando hacia el futuro con alegría, fe y esfuerzo. Los pequeños y grandes sacrificios que han ofrecido se integran en su plan familiar y Dios los ha bendecido. Les deseamos lo mejor, pues un plan llama a otro, un desafío hace brotar otro mayor. En el horizonte brilla su futuro regreso a España. Llegarán con las maletas repletas de experiencias positivas que sabrán compartir y, sobre todo, que les ayudarán para continuar el camino de su vida personal y familiar.

PEOPLE ARE AWESOME

La facilidad de grabar ha ido llenando de escenas maravillosas los archivos de nuestra historia. Justo por esta razón, desde hace unos años se han etiquetado, bajo el título de "people are awesome" (la gente es increíble), unas recopilaciones de escenas fuera de lo común. Se trata de una gala de precisión exacta o y de agilidad felina en las diversiones sencillas, como también de acrobacias que implican flexibilidad y fortaleza física hasta un punto tal que se funden en armonía la belleza y la temeridad. Es ciertamente increíble lo que una persona, por lo regular joven, puede lograr con un talento cultivado paciente y laboriosamente. La mayoría de quienes vemos estas escenas lamentamos no haberlas practicado hasta ahora, pero también damos un suspiro de tranquilidad porque nunca se nos han ocurrido. En todo caso, el genio humano seguirá sorprendiendo a las generaciones venideras y al universo entero. Nunca dejaremos de asistir a eventos increíbles, porque increíble es Dios que nos ha concedido en don de la existencia para amarlo. El manantial de todo bien es Él.
https://www.youtube.com/watch?v=vLT3A0a3hoQ

HÉLICES Y TURBINAS

La imagen sorprende porque en los corredores aéreos nunca se cruzan los modernos aviones comerciales con aquellos de hélice, pioneros en surcar los cielos. Es entrañable ver juntos a los conquistadores y a los especializados; a los aviones frágiles que osaron desafiar las alturas y a los colosos actuales que en nuestros días elevan en vuelo a miles personas, creando islas humanas entre las nubes. En cuestiones técnicas, los productos actuales suelen ser mejores que los antiguos y, en consecuencia, un avance termina con enviar al museo (o a la chatarra) a los prototipos anteriores. Así sucede con las máquinas, pero, gracias a Dios, no con los hombres. Nosotros guardamos –o deberíamos hacerlo- una memoria agradecida de nuestros inmediatos predecesores y de aquellas personas ilustres que brillan en el horizonte lejano de la historia. Cada generación deja algo de sí para la siguiente, sea poco o mucho, sea a nivel filosófico o médico; se trate de un récord deportivo o de una lágrima que haya apagado por un momento la sequedad de un desierto. El sólo hecho de nuestra existencia es un don que enriquece al universo entero. Dios nos bendice en cada uno de nuestros hermanos, a quienes debemos un mayor reconocimiento según sean avanzados en edad y experiencia; ellos llevan el peso de la historia sobre sus espaldas. En la hipótesis de que coincidieran en vuelo un antiguo avión de hélice con un Boeing o Airbus de reciente generación, éstos últimos deberían ceder el paso por educación y gratitud…

MOWGLI, EL NIÑO DE LA SELVA

Rudyard Kipling (1865-1936) publicó en 1894 su magnífica obra "El libro de la selva" (The Jungle Book) y, desde entonces, cada nueva generación de niños y de jóvenes lo hemos tomado entre nuestras manos para disfrutar de una aventura limpia, sencilla en su forma y densa de contenido. R. Kipling fue el primer escritor británico en ser galardonado con el Premio Nobel de Literatura en 1907, pero la vida no le alcanzó para sentarse a saborear las escenas de su relato sobre las pantallas. La primera adaptación cinematográfica se realizó a principios de 1940 y la película se estrenó dos años más tarde. El cuento maravilloso del niño criado por una manada de lobos, amigo del oso Baloo y de la pantera Bagheera, y amenzado de muerte por el tigre Shere Khan, ha sido retocado de diversas maneras en cada película conservando intacto, sin embargo, su núcleo vital. En este año de 2016, un nuevo estreno conmemora el 150 aniversario del nacimiento de R. Kipling. Los efectos especiales de la moderna industria del cine recrean la selva y los animales de forma tan realista que el público se siente catapultado dentro del escenario exótico. El joven artista Neel Sethi interpreta a Mowgli, nombre que significa "la rana" y que Raksha, la madre loba adoptiva, atribuyó al niño porque era una cría sin pelo. Un primer grupo que recogió fruto de esta historia fueron los Scouts, fundados por Baden Powell. Con la debida autorización, recibida del propio Kipling, aplicó las historias del relato a los niños de 8-11 años llamándolos "Lobatos". En realidad cada uno de ellos sería como un actual "Mowgli", dirigido por sus responsables (Akela, Baloo, Bagheera…). La intención es inculcar en sus almas, entre otros, los valores del compañerismo y del respeto por la naturaleza. Ojalá que esta obra de literatura siga suscitando curiosidad y todo tipo de iniciativas para la educación juvenil. En efecto, nuestra actual jungla es de cemento y de estirados rascacielos que nos regala amigos incomparables para toda la vida, pero que también esconde el peligro de tigres que amenazan de muerte nuestra integridad moral y dignidad humana, nuestras aspiraciones eternas y la paz del alma en Dios… Mowgli da rostro al hombre que nace en este mundo siempre en agitación, que abraza por igual horizontes luminosos y tenebrosas grietas. De alguna manera, nuestro mundo es siempre una selva en continua adaptación según las reglas de cada civilización.

EL VALLE DE LA MUERTE

Una de las zonas más áridas de la tierra se encuentra en el Parque Nacional del Valle de la Muerte, anclado en el Estado de California y parte de Nevada, Estados Unidos. Su nombre es fuertemente indicativo. Un tiempo fue frecuentado para la explotación de minera, pero ha ido quedando en las manos de los exploradores y de los buscadores de aventuras extremas. En referencia a estos últimos, el valle detenta un récord extremo de temperatura: 56,7 °C. Con motivo de ese calor y sequedad parece que le ha sentado bien el nombre del "Valle de la muerte". Los hombres damos diversos rostros a la muerte, pero todos conllevan rasgos comunes: la ausencia de frescura, la imposibilidad de movimiento y de comunicación, y esa rigidez entre las ataduras de un silencio estéril. No tiene un rostro único. Ahora bien, aunque la muerte tiene su valle en un Parque Nacional, casi nunca está allí. Sus huellas se amontonan, más bien, en las zonas exuberantes del planeta. Así como un depredador va detrás de las manadas, de igual manera la muerte acecha sin pausa los oasis más vitales de nuestra humanidad. La muerte y la vida se entrelazan misteriosamente en cada existencia terrena hasta el punto que sólo el Amor de Dios ha podido separarlas definitivamente. El Señor de la Vida y de la historia ha puesto un límite a la muerte venciéndola el día en que la tierra contuvo en su seno al Sol mismo.

LA VIDA SON DETALLES

Un gesto simple puede llegar a ser altamente simbólico por la intención que se le da. Así ha sucedido con Johannes Höhn, un joven que, para apoyar a su selección alemana en la Eurocopa 2016, viajó al mirador natural de Odda para ser fotografiado mientras dominaba un balón a 700 metros de altura sobre el lago Ringedalsvatnet, en Noruega. Es curioso observar que, por un momento, el centro de ese panorama espectacular es un diminuto balón de cuero, pintado de amarillo. El gesto de Johanes ha sido capaz de transformar el lago en un campo de juego y las montañas nevadas en las graderías de un estadio titánico. No sabemos si la sesión de dominadas fue óptima o si algún balón dio un salto prodigioso y terminó cayendo de picada en esos 700 metros, anotando gol sobre la superficie del lago. En todo caso, la hazaña de este convencido aficionado alemán nos sirva para pensar en el apoyo entusiasta que aquí y ahora ofrecemos a los demás. A veces basta una bebida fresca para un empleado nuestro o una llamada telefónica a un familiar, añadiendo intencionadamente unas gotas de cariño, para ir mucho más allá del hecho mismo. La belleza de nuestras relaciones mutuas reside en los detalles. Así nos trata Dios, aún sin darnos cuenta, y es gracias a Él que podemos amarnos unos a otros según su deseo y mandato.

EL MUNDO INVISIBLE

 La medicina ha dado pasos de gigante y abriga enormes esperanzas para el tratamiento de las enfermedades en el futuro. Ahora bien, ¿cómo hacían nuestros antepasados para salir adelante de sus dolencias? La historia de la medicina es tan larga como la sombra de nuestras culturas. El hombre ha sido atendido médicamente según los conocimientos de cada época y no dejan de sorprendernos los pasos que se fueron dando hasta llegar a los conocimientos actuales. En este sentido, el militar y doctor Marco Terencio Varrón aconsejaba a sus contemporáneos del siglo I que evitaran los pantanos y las marismas, ya que en dichas áreas "hay una raza de ciertas criaturas diminutas que no se pueden ver por los ojos, pero que flotan en el aire y entran al cuerpo por la boca y la nariz y causan enfermedades graves". Un niño de nuestras primarias sabría que nos referimos a los microbios, pero Varrón ni soñaba que sólo hasta el nacimiento de nuestros "siglos modernos" se crearían los estudios científicos de microbiología. Él no veía, pero sí presentía a esas "criaturas diminutas". Es de esperar que nosotros también lleguemos a intuir y a sentir la presencia del Espíritu Santo, que no se deja ver ni palpar, pero que llena de vida al corazón que lo acoge. El mundo espiritual escapa al ojo del microscopio, pero es visible para el alma enamorada y para el creyente humilde.

LESEDI LA RONA

En estos días ha entrado en subasta un diamante extraordinario. Según los entendidos, se trata del segundo de mayor calidad descubierto hasta ahora. Posee 1.109 quilates, su tamaño es similar al de una pelota de tenis, y se calcula que se remonta a un período de entre 2.500 y 3.000 millones de años. Procede de la mina de Karowe, en Botswana. Desconocemos quién lo extrajo de la tierra, pero podemos suponer la emoción que corrió por sus venas. Un gran detalle fue que le dieron un nombre en tswana, el idioma local. Suena así: "Lesedi la Rona" y se traduce como "Nuestra luz". Obviamente su precio roza las estrellas: 70 millones de euros. En este momento no se sabe de alguien que lo haya adquirido y esto nos deja en el corazón el sabor delicioso de la parábola de la perla preciosa (Mt. 13, 44-52): "También es semejante el Reino de los Cielos a un mercader que anda buscando perlas finas, y que, al encontrar una perla de gran valor, va, vende todo lo que tiene y la compra". Cristo nos invita a valorar su Reino de Amor como el mayor tesoro hasta el grado de estar dispuestos a apostar todo con tal de conseguirlo. Es la inversión de nuestra vida, que recompensa el mínimo esfuerzo. En verdad, el Reino de los cielos podría también llevar el nombre del diamante: "Lesedi la Rona": ¡Nuestra luz!

CATEDRALES GÓTICAS

Contemplar la silueta solemne de una catedral, rematada por sus torres y pináculos, es un deleite. El alma se emociona y encoge al entrar en su interior a través de las puertas abocinadas. El rosetón y las vidrieras tamizan la luz que ilumina las naves destacando el armónico tejido de sus nervios en las bóvedas de crucería. Todo es elevación y luminosidad en ese juego arquitectónico que recoge el anhelo de ascender hasta Dios. En este contexto resuena muy bien la siguiente expresión de Chesterton: "Cristo profetizó el arte gótico, cuando dijo: «Os digo que, si éstos callan, gritarán las piedras»". En efecto, las catedrales góticas están construidas con piedras que hablan y que cantan las maravillas del espíritu, propiciando el recogimiento para la oración. Las catedrales suelen ser un orgullo para las ciudades pero, sobre todo, un testigo fiel de la fuerza de la fe, pues es la casa de los fieles de generación en generación. Es como un cofre de santidad que va pasando de padres a hijos como invitación y compromiso para conservar el don de la filiación divina recibida en el santo Bautismo. Alguien dijo que "la fe mueve montañas y también levanta catedrales"; su buena razón lleva.

OBRA E IMAGEN DE DIOS

Andy Reigstad es padre de un niño que sonríe siempre. Le tomó una foto para compartirla en las redes sociales. El pequeño Boaz, de seis años, sostiene un cartel que dice: "No soy perfecto, pero soy feliz. Soy obra de Dios y llevo su imagen. He sido bendecido. Soy el 10% de los niños con síndrome de Down que han sobrevivido a Roe vs Wade". ¿Verdad que resulta original y llamativo? No hay mejor himno a la vida que un niño y todo niño es un don de Dios para que la humanidad viva. La "Roe vs Wade" es la sentencia del Tribunal Supremo norteamericano que en 1973 legalizó la práctica del aborto a nivel federal. Esta sentencia es una triste matriz de muchos ríos de sangre que han ahogado la existencia de miles de niños. Los que logran "sobrevivir" como Boaz son testimonios y una voz potente que evidencia nuestros errores y la fidelidad de Dios a su obra. La vida no tiene precio y en absoluto somos sus dueños. Su origen y misterio nos supera; su belleza y fuerza nos abren cada día los horizontes; su fragilidad es el velo de su potencia. Bien afirma Andy: "Aunque nuestro hijo no es perfecto (ninguno lo somos), es feliz y su vida vale la pena vivirla". Es su vida, sólo de él, desde el primer momento de su concepción. Quienes hemos recibido esta foto y compartimos su sonrisa reconocemos que Dios imprimió su imagen en el primer hombre y que lo seguirá haciendo hasta el último. Él es fiel a sus proyectos porque es Amor.

¿QUÉ DESEAS SER DE GRANDE?

Hasta hace unos años los niños españoles soñaban con llegar a ser toreros o astronautas. Ahora bien, una reciente encuesta nos informa que los tiempos han cambiado. En la península ibérica los niños apuntan su interés a triunfar como deportistas, agentes de seguridad del Estado y "youtubers". Las niñas, por su parte, han respondido que les encantaría dedicarse a la enseñanza como maestras, a la atención sanitaria y al cuidado de los animales. Es posible que los chicos de los demás países, con sus más y sus menos, respondan en términos similares. Nos damos cuenta que, en el fondo, somos "los grandes" quienes dejamos caer la semilla de los sueños en la tierra blanda de los pequeños. Los medios de comunicación, la todopoderosa empresa de la imagen y las actuales redes sociales son cómplices del futuro al que aspiran los niños y jóvenes. Ojalá que sepamos promover anhelos positivos, generosos y sanamente heroicos; que nutramos de valores las diversas profesiones, de tal manera que no sean la ambición de fama y riqueza los puntos de referencia, sino el amor a la humanidad misma y en último termino a Dios, dador de todo bien. Que los sueños de los niños respondan a la grandeza de sus almas y al bien que han de realizar con sus propios talentos. En cada tiempo necesitamos de deportistas, de médicos, de granjeros, de políticos, de nutricionistas, de sacerdotes santos y de hombres y mujeres de bien.

MULTA SIMPÁTICA

 Cuando vas conduciendo y te das cuenta de haber cometido una infracción, de inmediato sudas frío y sientes que te atraviesa la flecha de alguna multa. Pero la fatalidad sucede cuando escuchas la sirena de la policía y la indicación de detenerte. Entonces, bajas la ventanilla y… Pues bien, no siempre sucede que los agentes te gasten una broma. Sucedió en fechas recientes que una señora fue amonestada por haber infringido "la norma 1.7.3.9" que indica "no ponerse al volante en un día de calor sin llevar consigo un helado". La ocurrencia provocó una sonrisa a la señora y a su hijo, que el agente cogió al vuelo para ofrecerles un sabroso helado. ¿No es simpático este gesto que rompe todos los esquemas? De alguna manera así actúa siempre el ingenio cuando buscamos hacer felices a los demás en todo aquello que no implique imperfección o falta. Las posibilidades son casi infinitas y, por lo general, hechas de detalles simples, amables y profundamente humanos. El contraste es fuerte con la fría intransigencia o con el exigir cuentas a los demás dejando en un rincón olvidado la benevolencia. A todos nos motivan mucho los gestos de amabilidad en el trato muto; especialmente cuando pueden viciarse por las exigencias laborales de rendimiento de cuentas o por la rutina de una vida compartida en común. El agente de Halifax quiso despertar sonrisas en las personas y lo logró; es fácil cuando hay bondad por delante.
https://www.youtube.com/watch?v=tUw7C02N8bY

EL NIÑO SUPERÓ A SU ÍDOLO OLÍMPICO

Una hermosa faceta del amor en familia es que los padres desean y trabajan para que sus hijos lleguen a ser mejores que ellos mismos. ¿Y en el deporte? Conocemos el vínculo que ata los niños y jóvenes a los atletas de las diversas disciplinas. Los pequeños sueñan con ser y triunfar como sus ídolos del fútbol, del baloncesto, del tenis, etc. No siempre lo consiguen, pero es muy positivo el estímulo que reciben para proseguir en la exigente práctica del deporte. No sobra recalcar la enorme responsabilidad que pesa sobre el testimonio de los astros del deporte y bien, aquí tenemos un bonito ejemplo. Hace ocho años, Joseph Schooling, un niño de 13 años, encontró a Michael Phelps en Singapur, antes de las competiciones de Pekín. Joseph tenía a Phelps en la cumbre de sus sueños deportivos y se propuso imitarlo. Fue un propósito llevado a la práctica en el ejercicio continuo dentro y fuera de la piscina. Los frutos comenzaron a llegar y, en 2011, Schooling batió el récord de Phelps en la modalidad de mariposa 100 metros. Sin embargo, su ascensión no iba a ser fácil. Al año siguiente, durante los Juegos Olímpicos de Londres, en 2102, el chico, de apenas 17 años, fue amonestado por los jueces y no rindió un resultado positivo. Schooling recuerda una conversación con su ídolo en esas circunstancias de prueba: "Yo estaba caminando detrás de Phelps después de mi carrera cuando me miró y preguntó: "¿Qué pasa?". Le conté lo que había sucedido y él me abrazó y me dijo: "Eres sólo un chico, todavía tienes un largo camino por recorrer. Es una experiencia de aprendizaje con el fin de mantener la cabeza en alto y simplemente seguir avanzando"". Y así fue, Schooling redobló sus esfuerzos y ahora, tras otros cuatro años de entrenamiento, el joven superó a su maestro en las Olimpíadas de Río ganándole una medalla de oro. La prensa mundial se ha hecho eco de la reacción del "Tiburón de Baltimore". En verdad, no sólo ha rendido honor al espíritu olímpico de sana emulación, sino, sobre todo, ha dado muestra de su grandeza de ánimo. Phelps se expresó con estas palabras: "¡Qué carrera! ¡Felicidades a Joseph Schooling! ¡Tenemos una imagen actualizada! ¡Lo mejor de la suerte hermano! ¡Voy a estar viéndote! (…) Estoy orgulloso de Joe. Es evidente que ha nadado mejor que todos nosotros. He podido seguir de cerca su evolución. Lo he visto crecer y convertirse en el gran nadador que es hoy. Ya estoy listo para retirarme"… ¿No son éstas las grandes lecciones de las Olimpíadas? Detrás de cada medalla hay una historia; detrás de cada competición, ganada o perdida, hay una fila de atletas que han dado lo mejor de sí mismos. Los que aplaudimos desde casa o en las tribunas de los estadios nos quedamos más atados a su testimonio y agradecemos a estos atletas lo que han dado a su familia, a su país y al mundo entero. No dudemos que hay niños que en unos años tomarán su relevo, también inspirados por lo que han visto hoy.

GESTOS QUE VALEN UNA MEDALLA

 Los aros de las olimpíadas encierran historias inolvidables. Una de ellas acaparó la atención mundial suscitando comentarios positivos: "Vale más que un oro", "lo importante no es ganar sino ayudar a los demás", "esto es grandeza de alma", "campeonas de la bondad", etc. Las protagonistas fueron la atleta neozelandesa Nikki Hamblin y la americana Abbey D'Agostino. Ambas disputaban la carrera de 5.000 metros, pero Nikki se tropezó y provocó accidentalmente que Abbey cayera también sobre la pista. Ésta última, lejos de molestarse, se interesó por ayudar a Nikki para que ambas continuaran la carrera. No quedó todo allí, a los pocos segundos fue Abbey la que resintió una lesión, dejándose caer, y esta vez Nikki le echó una mano para incorporarla. Ambas se regalaron un abrazo al cruzar la línea de meta. El público apreció mucho este gesto y los jueces decidieron calificarlas para competir la final. Otro comentario interrogaba si nosotros hubiéramos hecho lo mismo. La respuesta depende de cada uno de nosotros en la sencillez de nuestra vida diaria, que nos ofrece todo un gimnasio para ser personas caritativas. A cada paso hay alguien que necesita de nosotros un aliento, palabras respetuosas, una mano en sus quehaceres, un recuerdo cariñoso… A quienes solamente se quejan de los defectos ajenos, viene bien aprender de este testimonio olímpico y tener presente que Dios otorga medallas de oro a sus campeones.
https://www.youtube.com/watch?v=BV8ipjzI5lI

AMISTADES CERCANAS Y VIRTUALES

 Basta dar un toque al teclado para establecer un contacto con un vecino de casa, como también con una persona desconocida que habita en un país lejano. Ésta es una de las maravillas que nos conceden las redes sociales. Ahora bien, queda clara la distinción entre un "amigo virtual" y un "amigo real". Según algunos estudios, se dice que somos capaces de reconocer el rostro de unas 1.500 personas; que son unas 500 las que tejen nuestras relaciones en las actividades ordinarias; que sabemos algo de la vida de 150; que contamos con unos 50 buenos amigos con los que compartimos momentos de la vida personal y familiar; y que posiblemente sean 15, como mucho, las personas que consideramos en verdad amigos del alma, a quienes concedemos una confianza plena y por los cuales aceptamos cualquier sacrificio. Entre la hechizadora esfera virtual y la concreta de nuestra realidad se extiende un extenso valle de separación que ilustran bien las siguientes sentencias: "Amigo no es aquel que sabe tus experiencias, es aquel que las vivió contigo" y "Lo importante no es tener 100 amigos, sino tener aunque sólo sea uno que esté a nuestro lado, cuando lo necesitamos". ¡Qué tesoro es una amistad profunda y leal! Dios mismo nos considera amigos porque el camino de la vida no se recorre en soledad, y las pruebas sólo se superan con la ayuda de una mano amiga. Así que seamos fieles a las amistades cercanas y, dentro de lo posible, hagamos cercanas las virtuales…

LA BEBITA GERBER

La historia del bebé de los productos Gerber contiene ingredientes tan sencillos como sus mismas papillas. Resulta que Dorothy Hopes Smith presentó al señor Daniel Frank Gerber un bosquejo al carboncillo de un bebé, respondiendo a una convocatoria para crear el logotipo oficial de la nueva marca de productos alimenticios. Ahora bien, no se trataba de un bebé, sino de una preciosa bebita, de nombre Ann Turner Cook. Han pasado 80 años, desde su nacimiento en Connecticut, y ella misma nos concede el privilegio de conocerla a través de esta foto en la que sostiene el diseño de sí misma. En su momento corrieron diversas suposiciones sobre la identidad del bebé (bebita), pero quizás la mayoría pensamos que ese rostro "Gerber", regordete y feliz, había salido de la imaginación de un artista. Ahora nos alegramos de verla con ocho décadas de vida. El rostro infantil de Ann ha recorrido los diversos ángulos del planeta suscitando el amor maternal hacia los bebés. Con cierta osadía podríamos decir que, de alguna manera, el corazón de las mamás es como un frasco Gerber, es decir, que lleva grabado el rostro de sus bebés por más que éstos crezcan con el pasar de los años. Se trata de un misterio bondadoso que Dios ha concedido en cada familia. Siempre somos bebés entre los brazos de nuestras madres, aunque peinemos canas.

GIMNASTAS PRODIGIOSOS

Las Olimpíadas, como las estrellas cometa, dejan detrás de sí una motivación brillante para mejorar nuestra condición física. Ahora bien, en el caso concreto de la gimnasia artística, si no iniciamos desde temprana edad, dedicando unas 30 horas de entrenamiento semanal bajo la atenta guía de un instructor, resultará casi imposible que logremos la fuerza y la flexibilidad suficientes para realizar el más sencillo de los ejercicios. El común de los mortales acabaríamos con serias lesiones. Por lo que se deduce de los conocimientos de Física y Anatomía, las disciplinas que llevan al límite a los gimnastas son, en el caso de los hombres, las anillas y, en el de las mujeres, la barra de equilibrios. Es increíble lo que estos jóvenes logran pedir a su cuerpo, pues parece que estiran la ley de la gravedad en cada movimiento. Ellos recogen frutos de motivación profunda, de ilusión vibrante y de ejercicio duro. Son un testimonio de metas cumplidas. Además de su fuerza y elasticidad físicas, apreciemos la prontitud de su alma para tender a lo mejor. En este sentido, nuestros santos y mártires son, en verdad, atletas de Dios porque han logrado lo mejor de sí mismos.

EL PIQUETE DE LA HORMIGA BALA

 Un ritual de paso a la edad adulta en la tribu indígena Sateré Mawé, indica a los jóvenes varones que metan sus manos en una especie guantes y que sean capaces de resistir sin quejarse los piquetes de las hormigas bala o paraponera durante diez minutos. Se trata de una prueba sumamente dolorosa y no es raro que los chicos se desmayen. Estas hormigas amazónicas producen un piquete cuya intensidad se compara al producido por un arma de fuego, de allí su nombre "bala". No es fácil describir ese dolor, pero nos basta saber que provoca "olas de quemazón y un dolor punzante que lo consume todo". Se trata, pues, de un dolor "puro, intenso y brillante" que dura, al menos, 24 horas. La lección de esa tribu para sus jóvenes es más que clara: la edad adulta les exigirá grandes sacrificios que deben afrontar con entereza, sin rehuirlos; deben ser fuertes y valerosos porque de ellos dependerá una futura familia y la tribu misma. Y bien, quienes no nacimos en la jungla amazónica también fuimos educados por nuestros padres, en mayor o menor medida, para ser fuertes y sacrificados en la vida. No es una lección fácil de aprender, pero sí muy necesaria. Desde luego que contrasta el ritual de esos jóvenes indígenas con cierta tendencia entre nuestros jóvenes modernos a evitar el esfuerzo y los compromisos serios. En el fondo la motivación es superficial y la formación del carácter y de la voluntad dejan mucho que desear. Vivimos grandes retos en las familias y la sociedad. Así que "¡manos a la obra". Las "hormigas bala" tiene rostros diversos en cada sociedad.

LUNA CUMPLE 13 AÑOS

"Mi hermosa, un día como hoy hace 13 años llegaste a mi vida a iluminar el camino con tu luz. Conocí el don de la paternidad y, como una aguja sacando música de un tocadiscos, hiciste sonar en mí todas las melodías de amor. Tenerte, junto con tus hermanitos, ha sido y será el regalo más grande que Dios me ha dado. Feliz cumpleaños mi Luna". Con estas bellas palabras –que bien podrían tejer el texto de una canción- el artista Juanes ha felicitado a su hija Luna, en su feliz 13º cumpleaños. Es muy acertada la afirmación de que la paternidad-maternidad es un don de Dios "que hace sonar todas las melodías del amor". La grandeza de este amor no se puede medir, pues conlleva el poder de cambiar el rumbo de una vida y de iluminar horizontes inesperados. Ese amor, envuelto en melodía, llega no sólo a ser fuente de inspiración para los cantantes, sino, sobre todo, una potente motivación para donar lo mejor de sí mismos al bien de su familia. Les agradecemos que su voz nos trasmita el amor que llena sus corazones y a Dios pedimos que ese amor sea siempre limpio, sereno, lleno de vigor y sanamente intrépido, como lo es una niña que cumple 13 años, camino a los umbrales de su juventud. Así que... ¡muchas felicidades a Luna!

¡ÁNIMO! ¡SERÁ A LA PRÓXIMA!

Germán Parga / FCB.

Perder en la vida no es fácil para nadie, ni siquiera cuando se trata de un partido de fútbol. En días pasados los mejores clubes infantiles disputaron la final de la World Challenge Cup en Tokyo. La victoria fue para el Infantil B del Barcelona, que se impuso en el marcador por 1-0 sobre el Omya japonés. El ojo de las cámaras nos permitió recoger una hermosa lección de compañerismo por parte de los pequeños azulgranas, después de que resonó el pitido final del partido. Viendo el desconsuelo y las lágrimas de los chicos japoneses, los ganadores se volcaron en gestos de aprecio sincero y emotivo. En el movimiento de sus labios se deletreaban expresiones de "¡Ánimo!", "¡A la próxima!". Algún periodista tomó pie de este testimonio para azuzar a los jugadores profesionales sugiriendo que nunca les falte tender la mano a quienes son superados en los eventos deportivos. Quienes no pudimos seguir este partido final de la World Challenge Cup, aun sin saber la tabla de participantes y de los resultados, nos quedamos con un agradable sabor de boca, pues estos niños son la promesa de los futuros astros del fútbol. Dios quiera que sigan creciendo en su talento deportivo, sumado a la nobleza de su espíritu. En cierto sentido, todos son ganadores cuando los une un mismo sentir como amigos y compañeros.

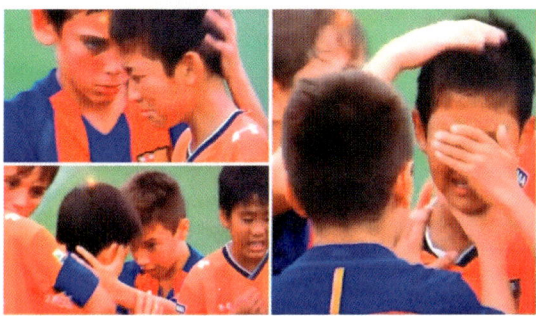

MARCA

https://www.youtube.com/watch?v=RIHv0Gu1MHg

ALARGAR LA PREVISIÓN DEL TIEMPO

¿Lloverá hoy?... Sin duda que nos lo preguntamos con frecuencia. Entonces intentamos descifrar el lenguaje de las nubes en el cielo o, simplemente, consultamos la previsión del tiempo. Nos alegrará saber que "la Agencia Espacial Europea (ESA) ha firmado con Arianespace el contrato de lanzamiento, en noviembre de 2017, de su satélite ADM-Aeolus, que contribuirá a aumentar de cinco a seis días las previsiones meteorológicas con una gran certidumbre", informa Efe. Así que gozaremos de un día más para saber si convendrá o no llevar un paraguas. Y es que, en cuestión de fenómenos atmosféricos, nos agrada ir un paso por delante. Esta curiosa necesidad es tan antigua como nuestra historia humana. En tiempos de Jesús, las personas también "sabían interpretar" el aspecto del cielo para prever alguna tempestad y el Señor les reprochó que no sabían igualmente discernir los signos de los tiempos (Cfr. Mt 16,13). A este respecto, el Papa Francisco nos ha concedido una aguda y simple clave de lectura: "Este es un trabajo que nosotros no solemos hacer: nos conformamos, nos tranquilizamos con 'me han dicho, he oído, la gente dice, he leído…'. Así estamos tranquilos… ¿Pero cuál es la verdad? ¿Cuál es el mensaje que el Señor quiere darme con aquel signo de los tiempos? Para entender los signos de los tiempos, ante todo es necesario el silencio: hacer silencio y observar. Y después reflexionar dentro de nosotros. Un ejemplo: ¿por qué hay tantas guerras ahora? ¿Por qué ha sucedido algo? Y rezar… Silencio, reflexión y oración. Sólo así podremos comprender los signos de los tiempos, y qué cosa quiere decirnos Jesús". Quizás, volviendo a la feliz noticia del inicio, tanto el silencio, como la reflexión y la oración, sean los "satélites" que observan desde lo alto y hacia lo más profundo de nosotros mismos y que, por ello, nos permiten entender lo que Dios nos dice en cada momento. ¡Ojalá que también logremos alargar la previsión de nuestra atmósfera espiritual! Lo necesitamos a cada paso, pues sin la correcta interpretación del paso de Dios por nuestra alma, corremos el riesgo de vivir el momento presente sin haber aprendido del pasado y sin crecer hacia el futuro. Silencio, reflexión y oración… Son los "satélites" de nuestra atmósfera espiritual…

.

EL DON DE ESCRIBIR

Es difícil no haber oído hablar del "Diario de Ana Frank" y es una delicia haberlo leído. Su marco histórico le otorga una particular relevancia por los tintes dramáticos de la persecución nazi, pero no hay comparación con la posibilidad que nos brinda de asomarnos a la profundidad de sus vivencias personales. Ana, gracias a un talento bien cultivado en esos dos años de cautiverio, confirió al papel y a la tinta el poder de dar voz a su alma y de retratar los matices de su corazón sensible y fino. Ocho días después de haber escrito la primera línea de su diario, expresaba lo siguiente: "No sólo porque yo nunca he escrito nada antes, también porque me parece que más adelante ni yo ni nadie estará interesado en las reflexiones de una niña de trece años de edad" (20 Junio 1942). La dulce chiquilla jamás imaginó que esos cuadernos llegarían a formar un libro catalogado entre los 100 más importante de nuestra literatura universal. A ella le gustaba escribir, diríamos que le encantaba, si bien, no lo consideraba ni fácil, ni un pasatiempo. Para Ana se trataba como la ventana de sí misma hacia el exterior o, mejor dicho, como un medio privilegiado que tenía compartir con los demás el don de sí misma. El escribir daba voz a sus pensamientos y al mundo sentimental que bullía en su corazón adolescente. Un poco de tinta y unos pliegos de papel fueron sus herramientas para levantar el monumento de su historia, repleta de lecciones para quien desee valorar los tesoros escondidos bajo la capa de los días ordinarios; así como tomar aliento ante las dificultades inesperadas que nos asaltan sin previo aviso. El diario de Ana es una invitación para escribir un poco de nosotros mismos. Quizás la siguiente expresión de la pequeña heroína nos abra a un camino para muchos inexplorado: "Quienes no escriben, no saben lo bonito que es escribir... Y por eso le agradezco tanto a Dios que me haya dado desde que nací la oportunidad de instruirme y de escribir, o sea, de expresar todo lo que llevo dentro de mí" (1 Abril 1944).

CANTAR CON UN CORAZÓN

El diccionario nos dicta que un coro es una "agrupación de personas que cantan simultáneamente una misma pieza musical o parte de ella". En pocas palabras, se trata de unir varias voces de forma armónica, de sumar cualidades y talentos propios y, en el fondo, de fundir corazones que cantan. El escenario británico de Talentos nos ha permitido conocer al coro excepcional que reunió Cefin Roberts hace poco más de 25 años: Côr Glanaethwy. Son 162 personas entre 7 y 65 años cuya excelencia ha transportado por encanto hasta las nubes a un público entusiasta. Una de sus tarjetas de presentación es el canto "Benedictus". No en vano alguno comentó que al escucharlo sentía que pisaba el umbral del paraíso. Y es que las voces de niños, jóvenes y adultos, unidas en una sola melodía, tienen el raro poder de traer a la tierra algunas de las notas melodiosas ofrecidas a Dios en su gloria. El coro Glanaethwy ha llegado a ser para sus miembros una segunda familia y la mejor cuna para entablar amistades profundas. Esto refuerza la convicción de que un grande coro se apoya en la unión de corazones y, ciertamente, en largas horas de ensayo…
https://www.youtube.com/watch?v=juY25jLz_QI

UN BUEN GOL DEL PORTERO

 Sucedió en días pasados. Jasurbek Umrzakov, portero de la selección de Uzbekistán, sorprendió a su colega del equipo contrario, Corea del Norte, y le anotó un gol de portería a portería. Las cámaras delatan que la intención de Jasurbek era de dar un pase a sus compañeros, pero hubo un fallo por parte del portero contrario, que se adelantó a despejar de cabeza fallando en el intento. La bola rebotó y corrió sin ser alcanzada hasta cruzar la línea del gol. Da la impresión de que el portero coreano se detuvo y que titubeó en acelerar el paso para atajar la bola; su reacción fue tardía y, además, tropezó en la línea del área. La reacción de los aficionados fue de júbilo inesperado. En fin, esta lección será difícil de olvidar. Es un toque de campana que invita a tener los ojos abiertos para aprovechar las ocasiones favorables y para no dejarse sorprender. Nos sirva como alegoría para la vida. Redoblemos siempre los esfuerzos y no nos confiemos de nuestras pobres fuerzas. La gracia de Dios siempre estará de nuestro lado, pero ésta cuenta con una respuesta generosa y perseverante de nuestra parte. Las derrotas en la vida son, en tantas ocasiones, fruto de una distracción o de un insuficiente empeño en los deberes; son esa inocente pelota que dejamos pasar y que se nos cuela hasta la línea de meta. Un gol de portería a portería significa una ocasión bien aprovechada a favor nuestro o, por el contrario, una curiosa y lamentable distracción.
https://www.youtube.com/watch?v=90bkLu_bmfw&feature=youtu.be

CADENA DE FAVORES

La expresión "cadena de favores" se popularizó a raíz de la homónima película proyectada en el año 2000. En inglés "Pay it forward". Sabemos lo que significa. En pocas palabras, se trata de corresponder a un favor recibido haciendo otro a tres personas, quienes son invitadas para que cada una, a su vez, beneficie a otras tres. Este es el inicio de una "cadena". Esta idea peculiar ha suscitado diversas iniciativas y actos similares, como el que sucedió a Tyson Crawley, que olvidó el pin de su tarjeta de crédito y no tenía dinero en efectivo para pagar la gasolina de su auto. El chico en problemas vio cómo intervino John Kennedy Jr, un jugador de hockey sobre hielo, para hacerle el favor de pagar la cuenta, deseando que Tyson hiciera lo mismo a otro. Así fue y la cadena inició… ¿Ya llegó hasta ti?... Como diría Santo Tomás de Aquino: "Bonum est diffusivum sui" (El bien se difunde por sí mismo). Hacer el bien a otro, sin esperar recompensa, es propio de todo hombre, pero, sobre todo, de un buen cristiano. Jesús nos ha dejado el grande Mandamiento del amor y tenemos el privilegio de difundirlo con nuestras buenas obras. Es imposible que sigamos los eslabones de todas las "cadenas" que se suscitan cada día, pero nos viene bien para purificar nuestra intención y conservarnos en humildad. Todo acto de amor rinde gloria a Dios.

A este afán nos ilumine la oración de San Francisco:

Oh, Señor, hazme un instrumento de Tu Paz.

Donde hay odio, que lleve yo el Amor.
Donde haya ofensa, que lleve yo el Perdón.
Donde haya discordia, que lleve yo la Unión.
Donde haya duda, que lleve yo la Fe.
Donde haya error, que lleve yo la Verdad.
Donde haya desesperación, que lleve yo la Alegría.
Donde haya tinieblas, que lleve yo la Luz.

Oh, Maestro, haced que yo no busque tanto ser consolado,
sino consolar;
ser comprendido, sino comprender;
ser amado, como amar.

Porque es:
Dando , que se recibe;
Perdonando, que se es perdonado;
Muriendo, que se resucita a la Vida Eterna.

El dúo musical "Maati Baani" de la India ha rendido un reciente tributo a la memoria de Michael Jackson. Produjeron una nueva interpretación de la popular melodía "Heal the world" (Sana el mundo) contando con el talento y la candidez de un grupo de chicos. En verdad, para modelar el proyecto de nuestro mundo, nada más correcto que fijar la mirada en el rostro de los niños, pues estamos hablando de ellos y de las familias que, con la gracia de Dios, formarán en un futuro próximo. El estribillo de la canción es melodioso: "Sana el mundo, hazlo un lugar mejor para ti y para mí y la raza humana entera. Hay gente muriendo. Si te interesas lo suficiente por la vida, haz un mejor lugar para ti y para mí". ¿Cómo mejorar nuestro mundo? No se trata simplemente de afinar la tecnología o la belleza urbanística de nuestras ciudades, de sanar la economía o de extender el alcance de nuestras estaciones espaciales. Nuestros éxitos y tragedias son los que creamos dentro de nosotros mismos. En pocas palabras, quién soy ante Dios, ante los demás y ante mí. En este marco encuentran su razón las siguientes frases entresacadas de la canción: "Hay un lugar en tu corazón y yo sé que es amor… Un amor que no puede mentir. El amor es fuerte, solo se preocupa por dar alegría… El amor es suficiente para que nosotros podamos crecer para hacer un mundo mejor… Es fácil ver que este mundo divino es el resplandor de Dios…". En torno a esta frase final gira el entero mensaje. Demos cauce al amor que late en nuestro corazón porque, si el mundo está enfermo, es por culpa de nuestro egoísmo. La medicina que necesita es el Amor.

https://www.youtube.com/watch?v=h6d6Yo3DwVI

CONTAR NUESTROS DÍAS

 Conforme nos acercamos al final de un año, empiezan a saltar estadísticas de los eventos jubilosos que iluminaron nuestras plazas, como también de aquellos tristes que opacaron nuestras ganas de vivir. Unos y otros han quedado escritos en el voluminoso libro de la historia. Y bien, sólo Dios sabe cuántas personas han partido este año -y todos los anteriores- hacia para la patria eterna. El hecho es que llegamos al mundo desnudos y desnudos lo dejaremos. ¿A qué viene esto? Es simplemente una reflexión que parte de una lista curiosa en la que se recogen los nombres de las celebridades que murieron en este año y que siguen generando ingresos millonarios por la venta de sus discos o libros, de sus dibujos o marcas registradas, etc. No mencionaremos a estos ilustres difuntos por respeto y porque a ellos ya no interesa para nada ese dinero. Como diría el poeta Horacio: "Pallida mors aequo pulsat pede pauperum tabernas regumque turres" (La pálida muerte hiere con el mismo pie las tabernas de los pobres y las torres de los reyes). Es verdad que mientras estamos en este mundo necesitamos de medios para subsistir y para ayudar a nuestro prójimo. Ahora bien, el satisfacer nuestras necesidades desemboca con frecuencia en acumular bienes en demasía. Los platillos de la balanza no encuentran un adecuado equilibrio. Nos ayude la meditación de nuestro destino final para ganar en caridad y desprendimiento. Recemos con el salmista: "Enséñanos, Señor, a contar nuestros días para que nuestro corazón adquiera sabiduría" (Sal 90, 12)

DIOS ES HERMOSO

 "Nací en Torreón, Coahuila. A los cinco años de edad, más o menos, fue cuando, como buen niño curioso, me eché a andar hacia la ciudad de Torreón y ya no supe regresar…" Así comenzó Pablo López Morales el dramático relato de su historia. Tras su extravío y la imposibilidad de contactar con sus padres (¿o el abandono?) pasó a un reformatorio, a ser adoptado por una familia americana y a ser devuelto a México por tener una conducta problemática. Posteriormente vivió ocho años en la calle, sumido en la depresión. Un día su amigo Joel le regaló una grabadora abriéndole, sin sospecharlo, un cauce para su notable talento artístico. Desde entonces ha vivido cantando en el metro porque "primero, en el metro hay más dinero y, en segundo lugar, más gente te ve y, como más gente te ve, le das gusto a más gente". Su actuación en "México tiene talento" fue ovacionada por el público y admirada por un jurado cuya conmoción quedó cristalizada en las lágrimas de Ximena. El rostro silencioso y pensativo de Pablo nos deja con una reflexión clavada en el corazón: los hombres damos pasos imprevistos y temerarios en la vida, pero Dios nunca nos abandona. Esa obligada orfandad en la que Pablo vivió fue una herida sumamente profunda, pero una simple grabadora vino a ser una tabla de salvación, o mejor dicho, un gesto del amor de Dios para con uno de sus hijos más necesitados. Pablo decidió darse un nuevo nombre: "Dios es hermoso". Recordémoslo siempre que lo escuchemos cantar.
https://www.youtube.com/watch?v=nYyFWMGaL7U

PLANTAR EDUCACIÓN

Dice un proverbio chino: "Si estás planeando para un año, planta arroz; si estás planeando para una década, planta árboles; si estás planeando para una vida entera, planta educación". De muchas maneras hemos intentado plasmar esta enseñanza y un reciente vídeo merece nuestra atención. Las escenas inician con el lanzamiento de un cohete al espacio; el estruendo de los propulsores contrasta con la silenciosa observación de una cosmóloga a través de un telescopio. Aquí se detiene la secuencia de imágenes y, como si se rebobinase una cinta, salta episodios de la vida hasta llegar al inicio de la enseñanza escolar de la chica. Su primera maestra ilustra en clase el giro de los planetas alrededor del sol valiéndose de unas frutas. Es una manera sencilla para expresar que "todo comienza con un buen maestro". En gran parte, debemos lo que somos hoy a los maestros que tuvimos ayer. A ellos llegue nuestra gratitud por sus esfuerzos y la disculpa por las incorrespondencias. El desafío de "plantar educación" es trascendental para bien de nuestras familias. Muchos problemas sociales provienen de una formación carente o de una lamentable deformación de criterios que generan comportamientos incorrectos. Los primeros y principales maestros son los padres de familia; para ellos un sincero aliento en su tarea bella y exigente. Ese "plantar educación" es un lección que nunca termina de darse, porque pertenece a la escuela de la vida, que tiene sus puertas siempre abiertas.

https://www.youtube.com/watch?v=Li6tsRpm9gY

JOAO, EL FOTÓGRAFO CIEGO

Los Paralímpicos son una amable demostración de la grandeza del hombre. Cada atleta es un poema, una hazaña épica, un monumento en vida y, sobre todo, un hermano y amigo que lleva adelante su vida de manera digna y esforzada. Una de las sorpresas increíbles provino de la zona de la prensa. Allí estaba João Maia, el primer fotógrafo ciego que cubría los Juegos Paralímpicos. Por asombroso que parezca, consigue fotografías profesionales aplicando su oído y la percepción de bultos y colores vivos a distancias muy cortas. No en vano este acontecimiento atrajo la atención de sus mismos colegas que informaban al mundo sobre los acontecimientos sobre las pistas. João Maia no recibió medalla alguna, más bien, nos dio noticia de las conseguidas por otras personas que, como él, son un testimonio de superación continua. No recibió medalla, pero, cuantos hemos conocido al "fotógrafo ciego" no dudamos en condecorarlo por darnos en cada imagen de los demás, un pedacito de la riqueza que él lleva por dentro. João dice que "la fotografía es sentir, usar tus sentidos, como la audición, y tener sensibilidad por encima de todo". Hoy lo comprendemos mejor gracias a él.

DAVID, GOLIAT Y UN BALÓN DE FÚTBOL

Un premio vendría a significar el "reconocimiento público que obtiene una persona por la excelencia de una obra, una actividad o una cualidad suya". Por tanto, cada faceta de nuestra actividad humana podría ser condecorada. Algunos premios se remontan muy atrás en el tiempo, como la Medalla Copley, concedida a los investigadores científicos desde 1731. Otros son recientes, como el Premio Puskás, creado por la FIFA en la temporada 2009/2010 para celebrar al autor del mejor gol anotado en el fútbol profesional. Los candidatos para el Puskás en su reciente edición de 2015 fueron el italiano Alessandro Florenzi, el argentino Lionel Messi y el brasileño Wendell Lira. Éste último recibió el galardón después de obtener la mayor puntuación por el espectacular gol que anotó tras una chilena acrobática. La conmoción puso a prueba a este jugador joven, catapultado si pretensión alguna a contender con los astros mundiales. Era evidente la emoción de Wendell, el cual dirigió la palabra a ese selecto auditorio: "Quiero, primeramente, agradecer a Dios por este momento único en mi vida y poder estar aquí conociendo a grandes jugadores que son mis ídolos y que conocía sólo por los videojuegos…" El silencio y la atención de todos rendía homenaje a la sencillez y hondura humana del joven, que prosiguió su alocución sólo treinta segundos más, suficientes para dejar un mensaje de sabor bíblico. Wendell quiso asemejarse al pequeño David frente a la fuerza descomunal del gigante Goliat. Lejano de toda presunción, quiso de esa manera enaltecer la grandeza de Messi, de Florenzi y de otros jugadores allí presentes, como Cristiano Ronaldo, Kaká, Thiago Silva, Marcelo, Samuel Eto'o, etc. Wendell se sentía pequeño ante ellos, pero, la mayor parte del millón seiscientos mil votantes le atribuyeron una victoria inesperada. "De esta misma manera –concluyó Wendell- tenemos que lidiar con los problemas de nuestra vida". Es decir, hemos de confiar en la gracia de Dios y en lo mucho que puede la totalidad de nuestra pequeñez.

https://www.youtube.com/watch?v=WC-zPRpmRxM

SEMBRANDO ESTRELLAS

Kaunas es una ciudad espléndida, la segunda mayor de Lituania. Como tantas otras de la Vieja Europa, luce un bello casco histórico que permite ver con los ojos de hoy el esplendor del pasado. Ahora bien, no todo es plurisecular. Hay una estatua del lituano Morfai que se ha ganado con mérito un pedestal. Apoyado en su concepción de que "el arte es todo aquello que una obra proyecte", modeló la estatua de un sembrador que, a la luz del sol, esparce la semilla desde su zurrón y, llegada la noche, su silueta, proyectada sobre un muro, siembra estrellas en el mundo. ¡Qué admirable carga de inspiración! Este lenguaje artístico sugiere a cada persona un mensaje aplicado a las circunstancias individuales. Una clave de lectura es que toda nuestra vida es sembrar. No hay etapa que escape a esta noble misión: el niño en el pequeño jardín de su infancia, así como el adulto en el vasto horizonte de su vida madura, hasta llegar al atardecer de la existencia. Sembrar es esperar, es confiar que el sudor de hoy será un fruto sabroso en el porvenir. Morfai acentúa esta esperanza con las estrellas, que vienen a iluminar nuestros horizontes oscurecidos, cuando el sol reposa… También sembramos en los momentos difíciles y muy especialmente, porque esa semilla son estrellas de amor y virtud. Sobre ese pedestal está la historia de cada uno de nosotros. ¡Sembremos!

UN ABRAZO QUE SALVA

 Vivimos tiempos difíciles y una gran parte de la población ha tenido que abandonar sus hogares para desplazarse a zonas libres de conflictos, a países más estables social y económicamente. En las pupilas de estas personas brilla la angustiosa búsqueda de un porvenir para sus familias. Se trata de un drama tremendo que reencarna la dureza del éxodo judío por el desierto. En días pasados fue noticia el siguiente suceso durante un enésimo rescate en alta mar. Una lancha iba repleta de prófugos en condiciones extremas y, entre ellos se encontraba una joven madre con su hija de cuatro meses. La pequeña mostraba síntomas graves de hipotermia. Fue entonces cuando Miguel, miembro de "Salvamento Marítimo", abrazó a la pequeña para ofrecerle calor. Este gesto, que simboliza la acogida amorosa, fue la tabla de salvación para la indefensa prófuga. Las aguas heladas igualaban en esas circunstancias el dolor de la patria dejada a las espaldas. Ese abrazo, que brota de manera natural entre familiares y amigos, vino a ser una bendición para revitalizar ese capullo de vida en peligro. Ojalá que, cuando regalemos el siguiente abrazo a alguien, pensemos en las vidas que ha salvado el cariño. Los mares y los desiertos que atraviesan los prófugos son imagen de nuestras propias dolencias. Un abrazo nos recordará que Dios nos ama, que alguien nos ama, que nosotros podemos siempre amar. Y el amor tiene la última palabra.

PERRITO PERDIDO EN EL ESPACIO

El "Teddy bear" (oso Teddy) fue el primer oso de peluche que saltó a la fama abriendo un camino de triunfo para estos simpáticos juguetes. Actualmente el peluche da forma a una amplia gama de animalitos iniciando por los osos y siguiendo con las ardillas, conejos, ciervos, búhos, tortugas, etc. Y bien, si algún niño pierde su peluche, no se quedará en paz sin girar por toda la casa hasta dar con él. Cierto, a veces no será tan fácil recuperarlo, como ha sucedido a los niños de la escuela primaria de la bahía de Morecambe (Inglaterra). Cuentan que ataron a "Sam", su perrito de peluche, a un globo de helio durante un proyecto escolar de ciencia, pero algo no funcionó como debía y el globo explotó al alcanzar los 25 kilómetros de altitud. Y así, de un día a otro, "Sam" ha saltado a la fama como el primer perrito de peluche perdido en el espacio. No hay noticia de que haya sido recuperado por algún astronauta en peregrinación por esa zona... Resulta curioso imaginar a "Sam" dando un toque de suave ternura, infantil e inocente, al bello, misterioso y frío espacio sideral. Se ha dicho que, para que vivamos en paz, debemos construir el mundo "a medida de los niños". Es posible que un perrito de peluche, navegando sin destino en el espacio, sea también una invitación para que no sólo el planeta tierra, sino el universo entero, tenga la paz y alegría contagiosa de un patio de recreo. Dios dirá si en un futuro próximo los niños que mandaron el peluche al espacio llegarán a ser moradores en estaciones orbitales. Su aventura continúa...

LAS PATAS DE LAS MENTIRAS

Se cuenta que un día preguntaron al gran filósofo Aristóteles: "¿Qué se gana con la mentira?" y que escucharon de él la siguiente respuesta: "Que no te crean cuando digas la verdad". Quizás nos haya venido a la memoria aquella fábula, atribuida a Esopo, del pastor mentiroso, que terminó por no ser creído de tantas veces que mintió sobre la llegada del lobo. La respuesta de Aristóteles es una síntesis de la moraleja: las mentiras nos quitan la confianza de los demás. Por tanto, hemos de acostumbrarnos a vivir en la verdad, a pensar y a expresarnos con la verdad. Es un tema ampliamente tratado a nivel moral, psicológico, religioso, e, incluso, desde los palcos del teatro, las pantallas de la televisión y del cine. La mentira se nos cuela por debajo de la puerta si no estamos atentos desde nuestra niñez. Quizás algunas frases sobre este tema nos ayuden a darnos unos minutos de análisis: "La primera vez que me engañes la culpa será tuya, la segunda, será mía", "Mejor llorar por escuchar la verdad, que sonreír engañado por las mentiras", "Cubrir una falta con una mentira, es reemplazar una mancha con un agujero", "No me molesta que me hayas mentido, lo que me molesta es que ahora no puedo confiar en ti", "Por qué me sigues mintiendo, si al final me tendrás que decir la verdad"… Los corchetes se pueden abrir de nuevo para las frases que desee escribir nuestra experiencia, pues, ésta, sin duda, nos dicta las mejores sentencias. En fin, "las mentiras tienen las patas muy cortas"…

¿CUÁNTAS HORAS DUERMES?

La sabiduría popular se engalana de fiesta en los refranes. Su amplio abanico acoge cualquier temática y situación, cualquier profe-sión y cultura. Resulta aleccionador y, en cierto sentido también agradable, leer de vez en cuando algunos como el siguiente: "Una hora duerme el gallo, dos el caballo, tres el santo, cuatro el que no lo es tanto, cinco el capuchino, seis el peregrino, siete el caminante, ocho el estudiante, nueve el caballero, diez el pordiosero, once el muchacho y doce el borracho". Hasta aquí el refrán. Y, entonces, ¿cuántas horas duermo yo, cuántas horas duermes tú? La verdad es que no hay una cantidad exacta ideal. Depende de la edad, de las propias costumbres y necesidades. La OMS ha señalado unas recomendaciones, pero toca a cada quien medirse el pulso. Lo cierto es que debemos esforzarnos para que la aguja de nuestra balanza establezca un criterio sano que evite tanto la pereza, como el restringir un sueño necesario. En todo caso, procuremos llegar al final de cada día con la frente sudorosa, es decir, con la alegría de ofrecer a Nuestro Señor su Voluntad cumplida. Nos ayudará rezar con devoción alguna oración antes de dormir. Hay muchas tan bellas como la siguiente: "María, mi buena Madre, (…) y como mientras duerma no podré glorificar a mi Jesús, ofrécele tú los latidos de mi corazón como actos fervientes de amor. Aleja de mí cualquier acción o pensamiento que pueda manchar su purísima mirada y envía a mi alma tu tierna y maternal bendición.".

SPIDERMAN VISITA UN HOSPITAL

Tom Holland es el actor que recibe la importante herencia de vestir el traje del superhéroe El hombre araña (Spiderman). Aprovechando una pausa entre las grabaciones de la siguiente película, titulada: "Spiderman: Homecoming), se presentó en un hospital para dar una sorpresa a los pequeños pacientes. Los niños se alegraron mucho de la visita y, por un momento, sintieron que formaban parte de ese mundo fantástico creado por los estudios Marvel. Un superhéroe viene definido como "un personaje de ficción cuyas características superan las del héroe clásico, generalmente con poderes sobrehumanos aunque no necesariamente, y entroncado con la ciencia ficción". Dicho esto, aunque muy admirados, los niños sabían que Tom no había lanzado su telaraña entre los rascacielos, ni había trepado por las paredes para entrar por la ventana de su habitación. Lo importante, y que sí disfrutaron al máximo, fue ese gesto amigable de parte de un joven artista. Estos detalles de cariño son los que marcan una diferencia en la convivencia y quienes los brindan a manos abiertas son, en verdad, los héroes de la vida real. De hecho, Cristo nos invita a pisar sobre sus huellas en la donación a los demás y -hay que decirlo en voz alta- eso es un heroísmo, tan valioso que es capaz de convertirse en llave de ingreso al paraíso. Felicitamos a Tom por su presencia entre los niños enfermos. ¡El cielo está lleno de héroes!

¡LOS DOS DE CARNE Y HUESO!

El misterio de la Encarnación del Hijo de Dios y de nuestra propia existencia humana son un pozo sin fondo de meditación. Un himno litúrgico vierte luz abundante para ayudarnos a dar gracias por la bondad divina: "Así: te necesito de carne y hueso (…) Hombre quisiste hacerme, no desnuda inmaterialidad de pensamiento. Soy una encarnación diminutiva; el arte, resplandor que toma cuerpo (…) ¡Y el que puso esta ley en nuestra nada hizo carne su verbo! Así: tangible, humano, fraterno. Ungir tus pies, que buscan mi camino, sentir tus manos en mis ojos ciegos, hundirme, como Juan, en tu regazo, y -Judas sin traición- darte mi beso. Carne soy, y de carne te quiero. ¡Caridad que viniste a mi indigencia, qué bien sabes hablar en mi dialecto! Así, sufriente, corporal, amigo, ¡cómo te entiendo! ¡Dulce locura de misericordia: los dos de carne y hueso!"…Hasta aquí este bellísimo texto que nos muestra la humanidad de Jesús junto a la nuestra. Palpemos esta cercanía de nuestro Dios en la humilde oración de cada día y que la lectura viva del Evangelio nos haga tocar a Jesús, carne de nuestra carne, hueso de nuestros huesos. En este sentido, valoremos que se aproxima la Navidad para fijar nuestra mirada en la estatuilla del Niño Jesús y pensar en el comienzo de toda vida humana. Dios también quiso ser concebido y nacer; ser abrazado y alimentado; y así, ir creciendo hasta la plenitud de su Pasión dolorosa y santa Resurrección. "¡Dulce locura de misericordia: los dos de carne y hueso!"

NUESTROS BELLOS DEFECTOS

Cada defecto, propio y ajeno, pone nuestros pies en la tierra y nos recuerda que no somos ángeles, sino pobres hombres mortales, necesitados del amor de Dios y de la comprensión de nuestros hermanos. Es importante aceptar los defectos como parte de nuestra persona y trabajar sobre ellos, de tal manera que sirvan como un poderoso imán para atraer gracias de Dios y, al mismo tiempo, para aplicar un trabajo virtuoso y perseverante de nuestra parte. Un hecho nos resultará simpático; se trata de cierta deformidad de los músculos faciales y que, sin embargo, el común de la gente lo retiene como algo atractivo, como un toque de belleza. Hablamos del hoyuelo en las mejillas que se forma al sonreír. En realidad es un músculo corto que crea ese hoyuelo cuando estiramos los músculos del rostro para sonreír. ¿Verdad que tiene un toque de gracia? Ese es uno de nuestros "bellos defectos", uno de tantos que nos acompañan toda la vida y que forman parte de nuestra cruz de gloria, si sabemos acudir a la misericordia de Dios y trabajar pacientemente por superarnos en la virtud. Un maestro de espiritualidad, el P. Claude Joseph Tissot, recogió las enseñazas de San Francisco de Sales, en su obra "El arte de aprovechar nuestras faltas". Nos puede iluminar para comprender, como él mismo cita, que "hasta loscorazones más duros se ablandan ante la esperanza de volver a ocupar su puesto en el hogar del Padre de familia".

EL NIÑO TIENE CÁNCER

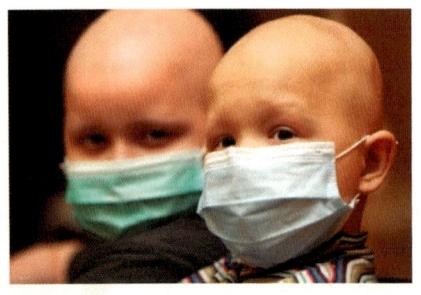 Según se informa, las diez enfermedades más frecuentes que aún no se pueden curar son las siguientes: cáncer, alzheimer, sida, lupus, diabetes, ébola, asma, poliomielitis, gripe y resfriado común. No es raro, por tanto, que hayamos sufrido alguna de ellas o que estas enfermedades hayan tocado a un familiar o conocido nuestro. En fechas recientes, el famoso actor y cantante Michael Bublé divulgó una carta en la que comparte su pena y la de su esposa, la actriz Luisana Lopilato, por el cáncer detectado a su pequeño hijo Noah, de tres años. Leámosla: "Estamos devastados por el reciente diagnóstico de cáncer de nuestro hijo mayor Noah quien se encuentra actualmente en tratamiento en los Estados Unidos. Siempre hemos hablado mucho sobre la importancia de la familia y el amor que tenemos por nuestros hijos. Luisana y yo vamos a dedicarle todo nuestro tiempo y atención a ayudar a Noah a ponerse mejor, suspendiendo nuestras actividades profesionales por ahora. Durante este difícil momento, les pedimos que oren por él y que por favor respeten nuestra privacidad. Tenemos un camino largo por delante y esperamos que con el apoyo de nuestra familia, amigos, fans alrededor del mundo y nuestra fe en Dios, podamos ganar esta batalla. Michael Bublé". Palpamos el dolor que dicta estas líneas y, sobre todo, el amor familiar y la fe en Dios que los mantienen unidos y fuertes en esta dura prueba. Aseguramos nuestra oración por Noah y por todos los niños enfermos.

UN FERRARI ENTRE EL BARRO

Un educador explicaba a un grupo de adolescentes que Dios nuestro Señor nos concedía en la vida talentos especiales y que era una grande responsabilidad nuestra darles el uso correcto. ¿Cuál? No podía ser sino el que Dios mismo deseaba. Y añadió -a modo de ejemplo- que un gran talento usado para nuestros caprichos era como haber recibido en regalo un Ferrari y utilizarlo para arar el campo. Hasta allí lo dicho… La sorpresa para este educador, años más tarde, fue haber sido uno de los más de 26 millones de personas que han admirado el vídeo del Ferrari Enzo luciéndose en medio del barro en el esplendor rupestre de unos campos agrícolas. Su ejemplo, sin duda, conserva su valor, pero quizás ha sido enriquecido. Y es que también se puede pensar que todo don de Dios, por ser dado "sin arrepetimiento" (Cfr Rom 11,29), conserva siempre belleza, aunque no lo sepamos valorar. Y, además, ¿no puede Dios querer que aremos el campo con un Ferrari? Esto para decir que sus bendiciones sobreabundan en toda circunstancia. Demos gracias a Dios.

https://www.youtube.com/watch?v=Z-4v4I7Gzk0

DECISIÓN DE ÚLTIMO MOMENTO

Hay tragedias que se pueden evitar en el último segundo. Una de ellas acaba de ocurrir en días recientes, el 11 de octubre 2016, a las 12:04 horas, en el aeropuerto de Shangai. El comandante He Chao pilotaba un Airbus 320 de China Eastern Airlines, en fase de despegue, a 240 kilómetros por hora. Y sucedió, entonces, que, por un error de los controladores, otro avión, un Airbus 330, cruzaba la pista simultáneamente. La colisión era inminente. He Chao tuvo que tomar una decisión de último momento y fue acelerar para levantar en vuelo su avión antes de tiempo. Pasó como una bala a sólo 19 metros por encima y evitó la muerte cierta a poco más de 400 personas, entre ambos aviones. La compañía china ha querido premiar al comandante He Chao con tres millones de yuanes (400.000 euros) y cada tripulante con 600.000 yuanes (80.000 euros). No les vendrá mal ese dinero extra… Ahora bien, nada se compensará con la satisfacción de haber salvado la vida de tantas personas. Si hemos viajado en avión sabemos lo que significa la maravilla de volar y, de igual manera, la terrible fragilidad ante un accidente. Veamos en todo la mano amorosa de Dios y no dejemos de rezar antes de ponernos en viaje. Una posible oración podría ser la siguiente:

"Concédeme, Señor, una mano firme y una mirada atenta para que no hiera a nadie en el camino. Tú, que eres el autor de la vida, no permitas que ningún acto mío pueda dañar o romper lo que viene de ti. No permitas que el amor por la velocidad me lleve a despreciar las bellezas del mundo por ti creadas. Enséñame a utilizar mi automóvil para servir a los demás y haz que en mi viaje me acompañe la paz y la alegría. Tú que vives y reinas por los siglos de los siglos. Amén".

ES PARA HOY

 Decía Séneca que "La mayor rémora de la vida es la espera del mañana y la pérdida del día de hoy". ¿No es una verdad lapidaria, válida para los coetáneos del filósofo cordobés hace veintiún siglos, como para los que hoy formamos la humanidad viviente? Constatamos que pasan los años, se renuevan las generaciones y, sin embargo, todos tropezamos siempre con la misma piedra. En este caso hace siglos, como hace un minuto, siempre hay quien evita el esfuerzo y deja para el día siguiente una tarea sea profesional o académica; sea en relación con la familia y los amigos, o sea en el encuentro más íntimo de nuestra alma con Dios. Se trata del "mañana lo veo, mañana estudio, mañana rezo, mañana lo platicamos"... Ahora bien, esto no es para lamentarse, al contrario, interprentando la intención positiva de Séneca, más bien es una serena invitación para reencender el entusiasmo, de tal manera que nos dediquemos al noble empeño de lograr lo mejor de nosotros mismos, según Dios quiera. En verdad, vale la pena no sólo apurar los deberes de cada día, sino también, dentro de lo posible, adelantar una parte de aquellos del día siguiente... Dicho sea para aspectos meramente materiales o prácticos. En cuanto a los espirituales y morales, no dejemos de cultivar cada día el alma con el amor a Dios y a los demás, de corregir actitudes, de purificar las intenciones, de optar siempre por el bien. En fin, "es para hoy", como solemos decir cuando algo nos interesa.

HUYENDO DE LAS SERPIENTES

 Los documentales de la naturaleza, gracias al avance de las filmaciones, han ido logrando una calidad excelente. En estos últimos años hemos disfrutado escenas que jamás hubié-ramos imaginado, dejándonos transportar a paraísos esparcidos por todo el planeta, desde los polos hasta lo más intrincado de las junglas vírgenes. En fechas recientes la BBC brindó "Planet Earth II" mostrando la épica fuga de una iguana marina en una isla llena de serpientes. Algunos especialistas no dudaron en catalogarla como "una de las escenas más emocionantes en la historia de los documentales de naturaleza". Habrá quien se horrorice por un temor innato a las serpientes y habrá quien repita la secuencia de la filmación una y otra vez para valorar la manera en la que esa joven iguana espera, corre, esquiva, se libera y salta hasta llegar a un lugar seguro. Son sólo dos minutos y veinte segundos de feroz realismo, de lucha por sobrevivir a una cadena de ataques mortales. Y como la naturaleza es un libro abierto para aprender, nos vendrá bien recordar la valentía, astucia y rapidez con las que debemos "huir de las ocasiones de pecado". No podemos jugar con las tentaciones, ni tampoco desesperar al sentirnos acechados día a día. Contamos con la gracia abundante de Dios para salir ilesos o, también, para sanar si somos heridos. La iguana logró una victoria, pero las serpientes no se fueron de la isla. Cada día llevará su desafío.

https://www.youtube.com/watch?v=kq40ut6no6g

ATERRIZAJE DE ADRENALINA

Se ha divulgado la noticia de la suspensión del aterrizaje espectacular del Boeing 747 en el Aeropuerto Internacional Princesa Juliana de la isla de San Martín en el mar caribe. Se trataba de un atractivo de alta adrenalina, único en el mundo. Debido a las reducidas dimensiones de la isla, el enorme avión de cuatro motores sobrevolaba la playa a escasos 25 metros para poder tocar pista de inmediato. De ahora en adelante un Airbus A330-200 transportará a los pasajeros. Digamos que la emoción se ha reducido a la mitad… Cristóbal Colón, que divisó la isla el día de San Martín de Tours, el 11 de noviembre de 1493, caería de asombro si viviese para ver la llegada de aviones a ese pedacito de tierra. Las carabelas de entonces eran una maravilla; hoy son los aviones y demás medios de transporte, que compiten en velocidad y confort. No paramos de ser asombrados por los bienes que Dios nuestro Señor nos permite obtener. Ojalá todo sea para Su gloria y provecho nuestro. Debe ser alucinante contemplar en la isla caribeña el aterrizaje de aviones y disfrutar asimismo el silencioso dormir del sol en el horizonte. Todo tiene su misterio y belleza para quien sabe mirar más allá del horizonte.

https://youtu.be/SCIJ0F62og4

RENDIRSE NO ES UNA OPCIÓN

Las historias más cargadas de contenido son aquellas que brotan de la vida real de las personas, de manera especial si contienen notas de heroísmo. En estos días se estrena la película "100 metros", que narra un particular episodio en la vida de Ramón Arroyo. Él es un joven padre de familia a quien le diagnostican esclerosis múltiple. El golpe es duro y ardua la fatiga para asimilar la noticia. Si conocemos algún caso similar, podemos recordarlo. Durante una sesión de terapia, otro afectado por la enfermedad le pronostica un futuro fatal: "Ya verás, en un año no podrás caminar ni cien metros". La reacción de Ramón fue una motivada y firme decisión de dar la cara a su enfermedad y comienza, entonces, un intenso entrenamiento para participar en una de las competiciones más desafiantes de los deportista: el triatlón Iroman. Damos por hecho que la historia tocará muchos corazones y pedimos a Dios que a todos nos conceda ser valientes y perseverantes en cualquier adversidad. Rendirse no es una opción porque en ello nos va la vida. En este sentido, damos la más profunda gratitud y a admiración a quienes llevan una enfermedad con ánimo y apuran cada día como una subida al Everest, desde una silla de ruedas, desde su lecho… Son héroes como Ramón y su historia nos llena de motivación.

https://www.youtube.com/watch?v=oNZqDFeP5wo

UNA FOTO CADA AÑO

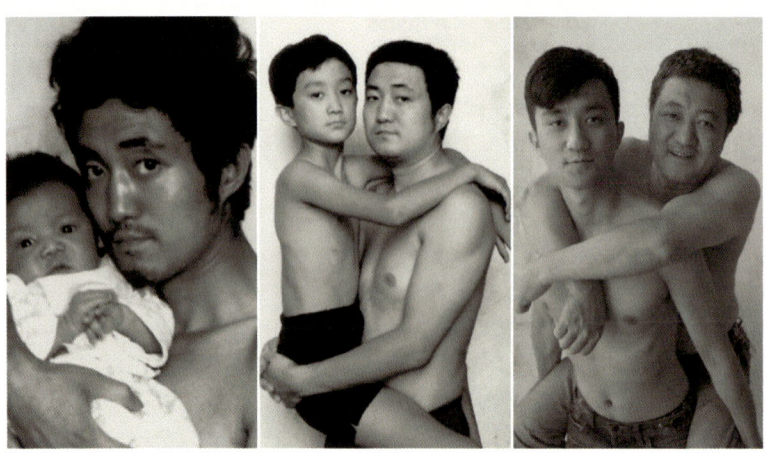

Es agradable sentarse a ver fotografías del álbum familiar. Cada una de ellas es un cofre de experiencias y, sobre todo, un mudo y convincente testigo de la propia historia. Son pedacitos del mosaico que forma el primer y más natural amor que gozamos en esta vida: el de nuestros padres y hermanos. En este sentido Tian Jun y su hijo Tian Li han compartido una secuencia de fotos tomadas en el arco de tiempo que va desde 1986, año del nacimento de Li, hasta el reciente año 2015. Esa foto anual se convirtió en una costumbre ritual, adoptando casi en todas la misma postura. Apreciamos el paso del tiempo y los signos que imprime en el cuerpo el paso de un año más de vida. Tian Li inicialmente es un niño que atraviesa la niñez y adolescencia hasta llegar a la plenitud de su juventud. Por su parte, Tian Jun es ya un joven padre de familia y avanza en el tiempo hasta acoger s primer nieto. Quien tenga esta costumbre dé gracias a Dios por la historia de cada año que va llenando las páginas de libro de nuestra vida. Ojalá que cada foto contenga ese abrazo de amor familiar.
https://www.youtube.com/watch?v=YxdJmNPrdzY

202

LOS VIENTOS FUERTES DE LA VIDA

El punto más meridional de la Isla Sur, en Nueva Zelanda, es la Punta Slope. Se trata de una región próspera para la ganadería, pero escasamente poblada. Un detalle curioso es la forma que adoptan unos árboles debido a la fuerza del viento oceánico. Éste sopla con tal poderío y de una manera tan constante que ha llegado a doblegarlos a su paso, modelándolos como abanicos. No pasan desapercibidos. Algunos los describen como árboles peinados y otros los adoptan como una imagen plástica de quien crece golpeado por los vientos fuertes de la vida. Acojamos estas sugerencias volviendo la vista a nuestras jornadas. Ahora bien, quizás no nos azote siempre un aire feroz, pues también disfrutamos de brisas suaves en los momentos prósperos. Demos gracias a Dios por ese alternarse de vientos aterciopelados con aquellos huracanados. Ambos nos modelan, ambos nos dan la ocasión para crecer en el amor, que debe ser generoso en la abundancia y templado en la adversidad. Que los vientos fuertes nos doblen, pero no nos arranquen; que los suaves nos acaricien, pero que no nos debiliten.

"HEINI, HEINI" – "HALLELUIAH"

El mundo de los artistas ha perdido un personaje que brillaba como un icono, inspirando el talento de las recientes generaciones de cantautores. Hablamos de Leonard Cohen. La noticia ha recorrido el horizonte como una estrella cometa despertando un sentimiento mezclado de tristeza y de admiración. Obviamente ha aflorado una síntesis apretada de sus datos biográficos. No es el caso de repetirla aquí, pero sí de valorar que Cohen nació en un ambiente judío y que, como todo ser humano, atravesó períodos de crisis y dificultad. Ahora bien, las convicciones profundas siempre quedan, aunque sean como tibias brasas, prontas a reencender una hoguera. Al cruzar el umbral de sus ocho décadas, Cohen sentía que su tiempo estaba llegando a un término de fecha incierta, pero inaplazable. Es posible que su conciencia pasara a revisión la trayectoria de su vida y que fijara la mirada en el cielo, deletreando los grandes interrogantes de la existencia humana. ¿Se sentía preparado para la gran partida? Cohen mismo dio respuesta: "Estoy listo para morir. Espero que no sea muy doloroso. Es todo para mí". Aunado a esto no deja de ser altamente simbólico que en su reciente álbum, de título

"You want it darker", presentado el 21 de octubre pasado, haya evocado esa expresión hebrea preñada de confianza, de sumisa obediencia y de serenidad: "Hineni, Hineni" (Aquí estoy. Estoy listo, Señor). Es conmovedor saberlo, pues, no cabe duda, qie todo hombre desea para sí mismo llegar a esa disposición de ánimo, nutriendo, al mismo tiempo, un abandono en la infinita misericordia divina. Si alguna canción de Cohen pudiese unirse a esta imploración, no podría ser otra que su "Halleluiah", cuyo texto resume la historia del Rey David, músico, hombre puesto a prueba, caído en pecado, y arrepentido por su amor y confianza en Dios. "Halleluiah", término también hebreo, significa "Alabad a Yaveh". Así lo entendió y vivió David en su grandeza y miseria. Lección de sabor bíblico que nos invita a que en la vida y en la muerte vivamos en la presencia de nuestro Dios y Creador rindiéndole alabanza, como creaturas suyas, pobres y limitadas, pero rescatadas por su Amor. Y bien, disfrutemos, en honor de Leonard Cohen, la más reciente interpretación de su fino "Halleluiah". El escenario, montado en la lejana Rusia, reafirma la fama mundial y el aprecio por las obras de Cohen. El "Voice Kids" de este año 2016 nos brinda una nueva tonalidad, pues la lengua rusa es capaz de impregnar el canto de rasgos elegantes y vigorosos. Quizás la frase final resuma el término y la esperanza de muchas vidas: "Y aunque todo salió mal, en pie permaneceré ante el Dios de la canción sin nada en mi lengua más que Aleluya".

https://www.youtube.com/watch?v=Q7C2MKoBL7Q

TE ENTREGO MIS MANOS

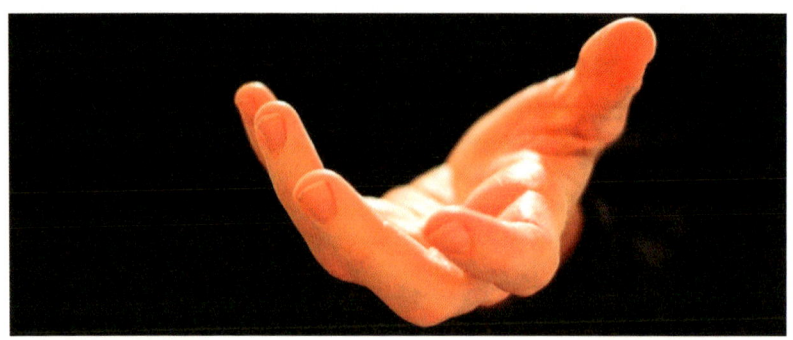

"Haz de esta piedra de mis manos, una herramienta constructiva. Cura su fiebre posesiva y ábrela al bien de mis hermanos". Así reza un himno de la Liturgia de las Horas. Estas manos que Dios nos concedió son un prodigio que no deja de sorprendernos, pues están dotadas de una habilidad creciente, en virtud de ese sencillo y complejo mecanismo de la presión ejercida con el dedo pulgar. En verdad, fue magnífico que el Creador dotara al hombre de una eficaz capacidad de "manualidades", habilitándolo para realizar obra inmensas como los rascacielos o de finísimas como las piezas de relojería. Las manos son, además, receptores sensoriales que abastecen a nuestro cerebro de información sobre el entorno. De alguna manera podemos "ver y sentir" con las manos. ¿No se basan en esto diversos juegos infantiles, como ese en el que se les tapan los ojos para que se valgan sólo de sus manos? En fin, todo lo que pasa por nuestras manos nos deja algo dentro del alma. Ojalá que también nosotros dejemos algo de nuestra alma en todo lo que toquemos y, por extensión, en todo lo que veamos, escuchemos, digamos... Así lo pedimos a Dios en oraciones tan hermosas como la siguiente:

Señor Jesús,

Te entrego mis manos para hacer tu trabajo.

Te entrego mis pies para seguir tu camino.

Te entrego mis ojos para ver como tú ves.

Te entrego mi lengua para hablar tus palabras.

Te entrego mi mente para que tú pienses en mí.

Te entreo mi espíritu para que tú ores en mí.

Sobre todo te entrego mi corazón para que en mí ames a tu Padre y a todos los hombres.

Te entrego todo mi ser para que crezcas tú en mí, para que seas tú, Cristo, quien viva, trabaje y ore en mí.

ARREGLO VELOZ

¿Cuánto días o semanas tardarían en nuestra ciudad o pueblo para reparar un "bache" de 30 metros de ancho y 15 de profundidad? Los habitantes de Fukuoka, una ciudad de la isla de Kyushu, en Japón, se encontraron la tremenda sorpresa de ver casi engullida una de sus avenidas, pero el mundo entero se admiró al saber que en sólo 48 horas el daño había sido reparado. Poco que decir y mucho que aprender. Es una fortuna contar con estos servicios urbanísticos para dar alivio a nuestras martirizadas calles… Salvadas las distancias, uno piensa en los boquetes que a veces se nos abren en el corazón, sobre todo en relación con las personas más cercanas. Basta un malentendido, basta una pérdida de control o un equívoco, y vemos cómo se resquebraja la serenidad, cómo la confianza se entumece, cómo se apaga la alegría generosa en el rostro. ¿Cuánto tardamos en reparar esos daños que nos colapsan? Hay quien, como en el caso de los japoneses de Fukuoka, reacciona de inmediato y se arremanga la camisa para solucionar el problema. Pero, hay también quien hunde más profundo el agujero por el mero hecho de nos buscar la solución e insistir en arrojarse mutuamente las culpas. Dios nos conceda ser buenos constructores de nuestras vidas y ágiles reparadores de nuestros fallos. No somos perfectos, pero podemos recomenzar con humildad y fe.

EL HOMBRE DE LAS MIL VOCES

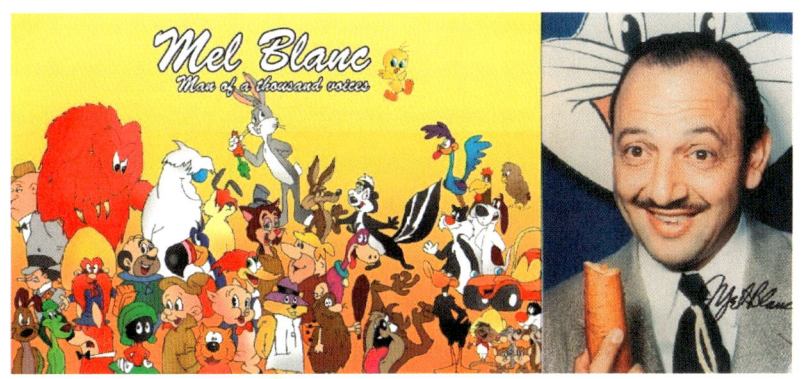

Mel Blanc (1908-1989) ha sido uno de los más grandes talentos de voz en el mundo de los dibujos animados. Se le conoció como "el hombre de las mil voces". Entre los personajes a quien prestó su particular timbre de voz están Bugs Bunny, el Pájaro Loco, Piolín, el gato Silvestre, el cerdito Porky, Sam Bigotes, el Correcaminos, Speedy Gonzalez, Elmer Gruñón y el pato Lucas. Esta increíble obra llena de aroma legendaria su entera biografía. Se cuenta, en efecto, que estaba tan identificado con esos simpáticos personajes hasta el punto de comportarse y expresarse como ellos. Y sigue siendo objeto de estudio el hecho de que haya salido de un estado de coma cuando un médico, en vez de dirigirse a Mel, habló a Bugs Bunny. Hubo un resorte que saltó en su interior y respondió: "Me encuentro bien, doc". De ahí que se diga que el conejo de la suerte le salvó la vida. En fin, démosle las gracias con una oración por alegrar la niñez de tantas personas. Estos dibujos animados gozan de un aire de inocencia porque quedan humanizadas todas las situaciones. Si en el cielo escuchamos a Bugs Bunny o al pato Lucas, ya sabemos de quién se trata.

https://www.youtube.com/watch?v=5HlmucGrYFg

GRACIAS A DIOS EL FINAL FUE FELIZ

 "Mi mensaje es para los papás: disfruten a sus hijos y protéjanlos cuanto puedan. Al final del día, en un segundo, todo puede cambiar". Así se expresa una joven madre, Tila Levi, después de superar una dura prueba y divulgar un vídeo en el que Eitan, su bebé, cae de una mesa tras un momento de distracción por atender a otro de sus cinco niños. La oportuna y veloz intervención de Joseph, de 11 años, impidió que el bebé se estrellara contra el suelo. Esta familia celebraba el "Rosh Hashaná", el Año Nuevo Judío, -el pasado 3 de octubre 2016- y confiesan que la mano de un ángel les concedió un milagro, que "gracias a Dios el final fue feliz". La motivación al compartir este vídeo va más allá del sentido de culpa que le causó y apunta a invitar a los padres de familia para que no pierdan de vista a sus bebés. Basta un segundo, basta una distracción, y todo puede cambiar. Al conocer esta noticia vienen a la cabeza recuerdos similares, pues en cada familia suceden accidentes; algunos también tienen final feliz; otros, por desgracia, no. En ambos casos busquemos dar lo mejor de nosotros a los hijos. En este momento acojamos y meditemos una hermosa expresión de Tila: "Yo son una persona creyente. Yo creo en Dios y en los milagros. Nunca había visto uno tan cerca, como el que ha pasado delante de mí". Y también de Joseph: "Los milagros pueden ocurrir siempre, pero, como ahora me ha tocado a mí, estoy muy agradecido".

https://www.youtube.com/watch?v=9mGlNzqfWeQ

EL HOMBRE ES UNA PROFUNDIDAD

 Admiramos los océanos por su belleza, los respetamos por su inmensidad, los tememos por sus misterios. Los datos que ofrece un vídeo reciente nos permite no sólo corroborar lo dicho, sino darle un peso mayor al darnos cuenta de que sabemos mucho menos de lo que creíamos, de que las medidas superan con creces nuestra tierra firme, de que, cada vez que viajamos en avión o en barco, no hacemos otra cosa sino pasar de puntillas sobre los mayores y más oscuros abismos de nuestro planeta. Se trata de un vídeo educativo porque nos ofrece datos y medidas comparativas y, sobre todo, porque nos ayuda a reflexionar en nuestra humilde pequeñez, tan bendecida por el amor de Dios. Nuestros océanos son un reflejo de aquella expresión tan querida por san Agustín: "Profunditas est homo et cor eius abyssus" (el hombre es una profundidad y su corazón un abismo). Somos insondables para nosotros mismos y no terminamos de conocernos en la grandeza que Dios nos otorgó crearnos "a su imagen y semejanza". No nos cansemos de orar con sencillez, de entrar en la presencia de quien sondea el corazón humano hasta su último pliegue. La única manera de descender hasta nuestras profundidades y de penetrar los más recónditos secretos de nuestro corazón es aceptar en nuestra vida la presencia y el Amor de quien nos creó: Dios mismo.

https://www.youtube.com/watch?v=GE-lAftuQgc&feature=youtu.be

CON MUCHOS NERVIOS Y UNA FELICIDAD MUY GRANDE

Las obras de misericordia son una riqueza. Cada una de ellas es como una mano amable extendida hacia un hermano necesitado. Hace poco más de dos años, Gohan Ortega, un niño colombiano de 13 años, enfermo de cáncer, pudo cumplir su sueño de ser jugador del Club Villarreal, al menos por un día. Ese hermoso gesto contó con el apoyo de la Fundación Aspanion. El equipo Submarino lo acogió con los brazos abiertos en los vestuarios para saltar de allí al campo y disputar los primeros minutos de un partido amistoso contra el Celtic de Glasgow. La normal rivalidad de los jugadores se inclinó ante la fuerza de la ilusión de Gohan, quien corría driblando jugadores hasta meter un golazo. Esta noticia se ha ido alejando en el tiempo, pero, como los vinos añejos, las respuestas que Gohan dio a los periodistas, siempre curiosos de novedades, conservarán siempre su brillo. "¿Qué pasó por tu mente y qué recuerdo guardarás de esos momentos?" El chico respondió con amabilidad y fina corrección: "Me quedaría con todas las cosas porque todo es una ayuda y todo anima. Me quedaría con el momento en el que todos vinieron a abrazarme cuando metí el gol (…) –a mis amigos- Les quiero dar muchas gracias y que nunca se rindan. Esto es sólo un bache que se puede superar.

Muchas veces hay cosas que uno no piensa que va a hacer y te dan sorpresas y lo haces. Nunca te puedes rendir. Ahora uno va a ir más fuerte, con mucha ilusión y siempre con la cara para adelante". Y bien, el mundo del fútbol, como las jornadas en los hospitales, son un esfuerzo continuo, una competición contrarreloj, un cofre repleto de esperanzas. Gohan pisó el césped del estadio El Madrigal "con muchos nervios y una felicidad muy grande". Seguramente era consciente de ser como un embajador de los niños que padecen su misma enfermedad. Con su uniforme amarillo, nuevecito y ya condecorado por la ovación del público, el recién fichado lanzó un mensaje final que, sin duda, llegó como un regalo de Navidad al buzón de los hospitales infantiles. Le deseaba "que nunca se rindan. Que siempre miren la vida de frente, eso ayuda mucho. A sus familiares, que los apoyen incondicionalmente. Que tengan mucha fe, entre médicos, el entorno familiar, la tecnología y Dios pueden superar esta enfermedad". Escuchando esto uno comprende mejor que muchos niños son más que doctores en la cátedra de su dolor, que sus familias y amigos son apoyo más sensible y que su mirada limpia que atraviese el cielo hasta la presencia de Dios les permite ser en la esperanza y sonreír en la dificultad. ¡Gracias, Gohan, y que sigas siendo un campeón!

https://www.youtube.com/watch?v=EubTOGR3PWk

LAS APARIENCIAS ENGAÑAN

 Los animales domésticos suelen ser protagonistas de escenas simpáticas. Una de ellas muestra a un perro que intenta morder un hueso pintado en el fondo de su recipiente de agua. No es algo común, pero se dan casos similares, como el que se asusta de su sombra, el que ladra a su imagen en el espejo, etc. No es el caso de explayarse aquí sobre la percepción visual de los animales, pero esta mascota del hueso pintado nos permite volver a reflexionar en el mundo de las apariencias. Bien se dice el refrán: "Las apariencias engañan". En nuestras relaciones con los demás, los hombres solemos ser fáciles en guiarnos por los datos externos que vemos o sabemos de las personas. Damos por suficiente una referencia o –especialmente en esta era de las comunicaciones- un comentario pronunciado desde un micrófono o escrito en una red social para colocar a una persona sobre un podio de triunfo o para condenarla a una mazmorra de menosprecio. Es tan grande el misterio de cada hombre que sólo Dios lo puede penetrar hasta lo más hondo. Por ello, Jesús nos pide que no juzguemos. Nos sobrepasa la dignidad de cada persona y el respeto que le debemos es sagrado. Las apariencias son un cascarón. En todo caso, nunca nos equivocaremos en pensar bien, en querer bien, en disculpar, en expresarnos siempre bien de los demás. Así que esto y mucho más nos ha permitido pensar el perrito y su hueso pintado…
https://www.youtube.com/watch?v=-IBF0llkeCk

IMAGINACIÓN Y BUEN HUMOR

Es una fortuna tener en casa o entre los amigos a personas simpáticas que desbordan de imaginación y buen humor. Ellas nos ayudan a concretar esa sentencia célebre del filósofo Sócrates: "La alegría del alma forma los bellos días de la vida". Nos sentimos a gusto de estar junto a estas personas porque son como los globos aerostáticos que nos elevan sobre las dificultades en virtud de esa suavidad y ligereza de su ser. Estas personas nos enseñan a tirar la zaborra de nuestras preocupaciones excesivas para poder volar y para cambiar, desde lo alto, las dimensión de las cosas y la perspectiva de nuestras actitudes. Y no es que ellas estén privadas de dificultades, sino que saben aplicarse el proverbio chino que dice: "No puedes evitar que los pájaros de la tristeza vuelen sobre ti, pero debes evitar que aniden en tu cabello". Este buen humor y esta imaginación desbordante deben, sin embargo, hundir raíces profundas en la dignidad personal y, más aún, en aquella que la Trinidad Santísima nos concedió el día de nuestro Bautismo. "Agnosce, o Christiane, dignitatem tuam" – San León Magno (Conoce, oh cristiano, tu dignidad). El buen humor deja de serlo cuando no es más que una burla camuflada o majaderías envueltas en risas vacías. El buen humor nace de un corazón alegre y generoso. Cuanto más limpio y rico sea ese corazón, mejor humor gozaremos. Ojalá que tú y yo seamos esas personas "lindas".

OLVIDAR LA GUERRA

Las redes sociales nos ponen en la mano noticias del mundo entero en tiempo real. En este sentido, nos ha tocado seguir el drama de las guerras como nunca antes. Los bombardeos, los disparos, los enfrentamientos armados y las hondas cicatrices de dolor y destrucción se mezclan en nuestro móvil o en la tablet con los sucesos más vanales. La red de comunicaciones nos conecta para lo feliz y para lo triste de una manera indistinta. Y bien, una ciudad símbolo de la guerra en Siria es, sin duda, Alepo. Allí vive Bana, una niña de siete años que intenta sobrevivir de la mejor manera a la destrucción de su ciudad. Ella ve pasar ante su mirada esa sombra negra de la muerte paseándose por las calles. Con la ayuda de Fatemah, su madre, la niña se distrae viendo algunas películas y leyendo. Son momentos para "olvidar la guerra". No obstante las dificultades de la guera, lograron contactar a J.K. Rowling para solicitarle el favor de que les enviara los libros del Mago Potter. Tengamos presente de que en zona de guerra no hay librerías y aquellos libros que hay si acaso sirven para alimentar una estufa de cocina o para calentarse… La famosa autora se interesó por Bana y le hizo llegar un tablet con los libros en formato digital. La niña se alegró muchó y le envió una foto con su gratitud profunda y limpia. Bana y su madre Fatemah han asumido a través de su perfil de twitter un papel de reporteras o, mejor dicho, de testimonios de guerra. Sorprende su valentía y la ponderación de sus relatos, firmes en su contenido y nobles en sus intenciones. Ese móvil de Bana es como un periscopio que surge desde los escombros de una ciudad en ruinas y que le permite ver con esperanza la llegada de la paz. Su sueño y el de todas las familias de esta región es que el hombre pueda vivir, no que continúe eliminándose en esa espiral de odio. Todo acto de bondad, como los libros de J.K. Rowling, son motivo de fiesta y para los niños es importante. Dios quiera la paz vuelva a reinar en el corazón de todos.

CANTAR CON JÚBILO

Algún diccionario define el júbilo como "gozo o alegría muy intensa que se hace ostensible". Lo comprendemos mejor al aplicar nuestro oído a los Comentarios de san Agustín sobre los Salmos. En su referencia al 32, el santo de Hipona dice: "¿Qué quiere decir cantar con júbilo? Darse cuenta de que no podemos expresar con palabras lo que siente el corazón… El júbilo es un sonido que indica la incapacidad de expresar lo que siente el corazón". Estas sencillas líneas conceden luz abundante para dar color y forma a tantos momentos de nuestra vida en los que, simplemente, nos quedamos sin palabras ante eventos que nos llegan hondo, muy hondo, en nuestro corazón. No sabemos cómo dar voz a una experiencia, no encontramos palabras para describir una emoción, nos falta el respiro para dar gracias a una persona por su amor y sacrificio, etc. Un medio privilegiado para manifestar ese júbilo es el canto. Las personas de forma individual o, incluso, en grandes multitudes, suelen cantar; el canto es un lenguaje favorito de nuestro mundo interior. Todo esto nos resulta hermoso y guardamos recuerdo cada vez que gozamos la dicha de vivirlo. San Agustín sigue adelante en su explicación y elevando su mirada al cielo dice que "este modo de cantar es el más adecuado cuando se trata del Dios inefable. Porque, si es inefable, no puede ser traducido en palabras. Y, si no puedes traducirlo en palabras y, por otra parte, no te es lícito callar, lo único que puedes hacer es cantar con júbilo. De este modo, el corazón se alegra sin palabras y la inmensidad del gozo no se ve limitada por unos vocablos". Ojalá que esta sabia reflexión del santo nos ayude a valorar nuestros cantos litúrgicos y todo canto que inspire nuestra devoción popular. A Dios agrada nuestro júbilo porque mira el fondo de corazón y Él es el manatial del júbilo mismo.

DESCANSE EN PAZ

Jorge Manrique (1440-1479) nos ha dejando los sentidos versos de su poesía en las "Coplas por la muerte de su padre", inspiradas justamente con motivo de la muerte de su padre, Rodrigo Manrique, Conde de Paredes de Nava. Estas coplas, que no son sino un elogio fúnebre de su padre, se enmarcan en una poesía moral. Ésta introduce en la meditación de la fugacidad de las cosas y en la valoración del tiempo limitado de nuestra vida. Recitando estos versos Manrique nos conduce hacia una reflexión serena y seria sobre la existencia de tres vidas: la humana y mortal, la de la fama, que es más larga, y la eterna, que no tiene fin. Leamos con detención las coplas V y VI:

"Este mundo es el camino para el otro, que es morada sin pesar; mas cumple tener buen tino para andar esta jornada sin errar. Partimos cuando nacemos, andamos mientras vivimos, y llegamos al tiempo que fenecemos; así que cuando morimos descansamos.
Este mundo bueno fue si bien usásemos de él como debemos, porque, según nuestra fe, es para ganar aquel que atendemos; y aun aquel Hijo de Dios, para subirnos al cielo, descendió a nacer acá entre nos, y a vivir en este suelo do murió. Amén."

La fe en el Hijo de Dios nos permite superar el pesimismo existencialista. No somos seres destinados a desaparecer, engullidos por las fauces de la muerte. Más bien, somos conscientes de que el Reino de Cristo no es de este mundo y, aunque experimentamos las tensiones de una vida mortal, nos sostiene la esperanza de Aquél que resucitó de entre los muertos y nos ha prometido acogernos allá donde está Él, sentado a la derecha de su Padre. Solemos esculpir en piedra esta esperanza en una vida mejor convirtiéndola en un último saludo y deseo para nuestros difuntos: "Requiescat in pace" (Descanse en paz). Descansar en Dios, descansar en su amor misericordioso después de la peregrinación de nuestra vida: "Partimos cuando nacemos, andamos mientras vivimos, y llegamos al tiempo que fenecemos; así que cuando morimos descansamos". Que Dios nos conceda darle gusto en nuestros días mortales, que sepamos llevar las fatigas de cada día con una sonrisa en los labios, que gocemos al máximo cada segundo de nuestra existencia, que brindemos a los demás lo mejor de nosotros mismos en cada obra, pensamiento y palabra… La vida nos pide sudor, pero nos recompensa más de la cuenta porque el amor lo supera todo. Jesús nos conceda el descanso después de haber caminado durante nuestra vida intentando pisar sobre sus huellas.

FELICIDAD EN FAMILIA

La revista "Journal of the Association for Consumer Research" ha publicado algunos estudios que confirman una hermosa realidad que muchos tenemos la dicha de vivir: las costumbres familiares estimulan la felicidad. A modo de ilustración hay una explícita referencia a los beneficios que nos concede compartir en familia celebraciones parti-cularmente sentidas como la Navidad, el Hannukah o el Día de Acción de Gracias, así como cualquier otra actividad que realicen juntos los padres e hijos: una excursión, unas vacaciones, una fiesta de cumpleaños o un aniversario matrimonial, etc. En la familia somos queridos por lo que somos, nos aceptamos y estimulamos unos a otros, somos conocidos y comprendidos. Chesterton lo expresa de manera magistral: "El lugar donde nacen los niños y mueren los hombres, donde la libertad y el amor florecen, no es una oficina ni un comercio ni una fábrica. Ahí veo yo la importancia de la familia". Demos gracias a Dios por la familia que nos concedió y procuremos que sea siempre más bella con nuestro amor. Ahora bien, es verdad que no siempre reina la armonía; pues también en familia se discute y se sufre; a veces surgen malentendidos o se encienden los celos y envidias… Quizás por ello Santa Teresa de Calcuta metía el dedo en la llaga y, con su desarmante amabilidad, preguntaba y respondía lo siguiente: "¿Qué puedes hacer para promover la paz mundial? Ve a casa y ama a tu familia". Y es que la familia, como la humanidad entera, no se compone de ángeles, sino de pobres seres mortales, limitados e imperfectos. Justamente por eso el papel de padres e hijos es tan noble, pues la familia es el nido donde aprendemos a dar lo mejor de nosotros mismos y a corregir nuestros defectos, y donde asimilamos los ideales que perseguiremos durante la vida entera. La familia es la primera y más importante escuela para nuestra formación. La felicidad de estar con quienes nos aman y a quienes mejor conocemos es incomparable. Esta felicidad puede adquirir muchas caras, desde aquella amable de una felicitación hasta la reconciliación después de heridas profundas. En fin, busquemos ser cada día mejores padres e hijos porque, como bien dijo San Juan Pablo II: "El hombre es esencialmente un ser social y con mayor razón se puede decir que es un ser familiar".

EJERCICIO Y BUENA SALUD

A los amantes del ejercicio diario y de la vida sana ha gustado escuchar los resultados de un estudio que realizó la Clínica Mayo de Rochester, Minnesota, USA. Esta prestigiosa institución médica elenca los ejercicios populares que más benefician por sus impactos calóricos. Los principales diez que ayudan para quemar calorías serían los siguientes: Patinaje (683 cal/h), baloncesto (728 cal/h), flat football (728 cal/h), tenis (728 cal/h), correr a 8 km/h (755 cal/h), correr en escaleras (819 cal/h), natación (892 cal/h), teakwondo (937 cal/h), salto a la cuerda (1074 cal/h) y correr a 12 km/h (1074 cal/h). Esto nos sirve de motivación, si ya los practicamos, o de invitación para escoger alguno de ellos en consonancia con nuestra condición y circunstancias personales. En todo caso, la Clínica Mayo apuntaba con este estudio a que los jóvenes gocen de salud y eviten los excesos de alcohol y el consumo de drogas. A este respecto, el Catecismo de nuestra Iglesia Católica, explicando el Quinto Mandamiento, especifica lo siguiente: "La vida y la salud física son bienes preciosos confiados por Dios. Debemos cuidar de ellos racionalmente teniendo en cuenta las necesidades de los demás y el bien común..."(CIC, 2288). "La moral exige el respeto de la vida corporal, pero no hace de ella un valor absoluto. Se opone a una concepción neopagana que tiende a promover el culto del cuerpo, a sacrificar todo a él, a idolatrar la perfección física y el éxito deportivo..." (CIC, 2289). "La virtud de la templanza conduce a evitar toda clase de excesos, el abuso de la comida, del alcohol, del tabaco y de las medicinas..."(CIC, 2290). "El uso de la droga inflige muy graves daños a la salud y a la vida humana..." (CIC, 2291). Así que demos gracias a Dios por nuestra salud y cuidémosla. Es un bien precioso que conviene conservar lo mejor posible. Nuestra misma salud será de grande apoyo para la propia familia y para todos los seres queridos. Es cierto que cada día hay un desgaste, pero está ya previsto. Una vida ordenada y un ejercicio moderado y persevante nos ayudarán a estar siempre en pie —dentro de lo posible- para servir a nuestros prójimos y, entre ellos, a quienes sufren por el detrimento de su salud

ELIMINANDO

El número de los internautas aumenta de día en día. Las estadísticas cuentan a más de 2.900 millones de personas conectadas de manera habitual. No es raro, pues nos hemos beneficiado de la comunicación inmediata con los demás y del acceso a información de cualquier índole. Ahora bien, también nos hemos dado cuenta del deterioro de nuestras relaciones personales. En este sentido Erik Pikersgill se aventuró en un proyecto denominado "Eliminando" con el fin de mostrar imágenes de la hiperconectividad. Se trata fotografías de familias, parejas, grupo de personas, a las cuales se les retira o borra el celular o dispositivo digital. Llaman la atención y, de alguna manera, nos podemos sentir retratados. Es como si de repente nos quedáramos mudos. Ojalá ayuden para lograr un sano equilibrio, de tal manera que los avances tecnológicos nos sirvan para crecer como personas en todas nuestras facetas. Resultaría curioso aplicar esta iniciativa de "eliminando" no sólo a los celulares. ¿Qué tal si también eliminamos las sospechas, las envidias, los rencores, los celos, las maledicencias, los pesimismos, etc? Ojalá fuera tan fácil modificarnos como una fotografía. Pero, si algo de bueno tenemos es que podemos mejorar nuestra dignidad humana y cristiana. Es fruto de la oración, del esfuerzo y de la apertura a la gracia de Dios.

ÍNDICE

EL AUTOR

El P. Álvaro Correa, LC es un sacerdote mexicano, si bien, ha trascurrido la mayor parte de su vida en España, Brasil e Italia colaborando en la formación de candidatos al sacerdocio y ofreciendo un apoyo cordial a las familias en la educación de sus hijos. Es autor de varios cuentos de Navidad: "Cinco minutos con el Niño Jesús", "Milagro en la montaña", "Álbum de Navidad" y "Belén, dos niños y una historia". Además de los siguientes: "Mirko", "Pinceladas de oración", "Flores en las cumbres", "La sombra de Laura" y "Curiosidades y bendiciones vol. I y vol. II"..

19437023R00131

Printed in Great Britain
by Amazon